風の旅人

編著
葛井康子／葛井義憲

朝日出版社

まえがき

葛井　康子

蓼科の森にある「木もれ日荘」は、みどり色のペンキで塗られた木造りの小さな山荘です。シラカバ、カラマツ、ミズナラ、ブナなどの木々に囲まれた標高１４００メートルにあるこの森では、春は都会より一か月遅く、秋は一か月早く来ます。

森を吹き抜けていた寒風が止み、すこし暖かい日が続いたころ、ほんのわずか葉先だけをのぞかせていたカラマツの枝があっという間にみどり色に変わります。それを合図に、シラカバがハート型の葉をひろげ、ネコヤナギの銀白色の葉が春風に光り、またドウダンツツジが小さな白い花を枝いっぱいにつけます。冬眠していた動物たちは目をさまし森の中を駆け回ります。森は、一挙に若い生命力であふれ、やがて来る夏にむかってウォーミングアップを始めます。

そして夏です。蓼科はこの季節が一年のうちで一番賑やかなとき。各地で花火大会やコンサート、朝市やフリーマーケットが開かれ、日々の生活に活気と楽しみを与えてくれます。

イチヤクソウがムラサキの花をつける頃、わたしは、毎年ルバーブやラズベリー、ブルーベリーのジャムを作り始めます。やがてお盆が終わり、人々のざわめきが聞こえなくなると、もう秋です。そろそろ森は冬支度に入るのです。

みじかい夏が秋に代わるちょうどそのころのことをいつか書いてみたいと思っていました。そしてそのように思いながらも中々実行に移し得なかったある時、大森正樹教授とその著書『東方憧憬』に出会ったのです。その中に記された東方キリスト教の風と蓼科の風が森の中で出会あって、それが聖霊の息吹となり、生きとし生けるものの上に吹いたとき、心からの生きる喜びが私の中からあふれ出てきました。

この森の中で、今まで体験したこと、今まで出会ったたくさんの人々のこと、そして今感じていることを今書きたいと切に思いました。

私の生まれた1948年は、戦後の混乱期をようやく脱出し、焦土と化した日本を再建しようと必死に頑張っていた時です。つぎの当たった洋服を着て学校にいけば、同級生は教室にあふれている。そんな団塊の世代でもあるのです。

あれから60年、この年月が夢のように過ぎ去った気もします。しかしその60年をじっくりひとコマずつ振り返ってみると、様々な出来事が心に浮かんできます。そしてその様々な出来事が今日の私をつくっているように思われます。

しかしそれは嬉しい出来事ばかりではありませんでした。むしろ辛い、苦しい、悲しいことのほうが多かったように思います。そんな時神は、教会での出会い、大学での出会い、ホスピスでの出会い、そしてこの蓼科の森での出会いなど、実に多くの人との出会いを用意して下さいました。そしてその人々から「生きる勇気」と「生きている喜び」をたくさんいただいたのです。

一つ一つの喜びや悲しみは、実は神様からの贈り物だったのです。

「あなたがたを襲った試練で、人間として耐えられないようなものはなかったはずです。神は真実な方です。あなたがたを耐えられないような試練に逢わせることはなさらず、試練と共に、それに耐えられるよう、逃れる道をも備えていてくださいます。」

（コリントの信徒への手紙一　10・13）

この御言葉は新約聖書の中の一節です。神は私に、試練から逃れる道だけではなく、試練に耐え、それを超える力をも用意して下さったのです。

その出会いのなかで今なお私は育まれているように思います。

そのような恵みの中から12編の「風のエッセイ」が生まれました。

このたび、これらのエッセイを出版するにあたり、息子と夫が、これまで携わってきた研究論文等を寄せてくれました。

息子、義顕は牧師で、キリスト教主義高校、大学の教師をしています。又知的障害児・者施設の生活支援員の経験もあり、一貫して弱者の立場に立った神学を志しているものです。今回彼の書いた「聖パトリック」も、いつも弱者であることを自ら認めつつ、キリストに支えられてアイルランドでの宣教活動を忍耐強く、しかも力一杯行い続けた人物です。

夫、義憲も、同じく牧師で、教育・研究者として歩み続けています。彼の生きるテーマである「誠実に、真剣に」に関する6篇の論文等を寄せてくれました。

3人で本を出版するのはこれが初めで終わりでしょう。

今蓼科は秋の澄んださわやかな風が吹いています。

その風が神の息吹となって、少しでもみなさまのところに届きますように。

2008年9月

蓼科　木もれ日荘にて

風の旅人——目次

II　全アイルランドの絆　二つの聖パトリック像――葛井　義顕

III 誠実に、懸命に――葛井 義憲

I　風の音

葛井　康子

1 夏の日のワンピース

先日テレビで「写真家、石内都が撮る広島の傷痕・一年半の記録▽被爆遺品たちとの対話」（2008年8月NHKテレビ）と題したドキュメンタリー番組を見ました。それは女性たちが被爆した時に身につけていたものを1年半にわたってカメラで一枚一枚丹念に撮り続けた記録でした。

最初に私の目に飛び込んできたものはベージュのオーガンジーのドレスでした。フワフワっと今にも空に向かって踊り出さんばかりに軽やかなワンピース、しかし片方の袖は引きちぎられ、裾は鋭く裂かれていました。これを着ていた少女はこのドレスだけを残して逝ってしまいました。どのような青春を送っていたのでしょう。どんな夢を持っていたのでしょう。薄い生地の間から光が透けてみえます。戦いに明け暮れる日々、それでもいつか訪れるであろう希望の光を信じて、このドレスを纏った少女は、確かにあの時まではいたのです。

赤いチェックのワンピースの少女は、ウエストのリボンをキュっと結び、スカートの裾いっぱいに風をはらませて、元気に町の中を駆けていたのかもしれません。焼け焦げて半分しか残っていないスカート。しかし今も、そのスカートの襞の中に、その日の少女の息づかいが感じられます。

私は、戦争中の女性の服装はモンペだと思っていました。しかし意外にも遺品の中には、フリルやリボンのついたスカートやブラウスが多かったのです。

長引く戦争で悲しいこと、辛いこと、恐ろしいことばかりだったことでしょう。でもその中にも青春があり、夢や希望があったはずです。

モンペを脱いで今を自分らしく、少女らしく装いたい。自分の一番好きなドレスを着て街を歩きたい。引きちぎれたリボンに、平和への切なる願いがこめられているように思いました。でもあの瞬間、少女の夢は消え、希望は断ち切られてしまったのです。私には残されたこれらの衣服から、「もっと生きたい！」という声が聞こえてきます。

写真家の石内都さんは、一枚ずつこれらの衣服を写真に収めました。

その過程で、どの様に衣服を置けばこれ着ていた人の声が一番見る人に伝わるかを考えながら撮ったそうです。衣服の下に光を当て、逆光で撮ったワンピース。床に並べて撮ったズボン。それらをレイアウトしているうちに、無数の原爆で散った人々の姿が見えたそうです。

人と人が憎しみ合うのは、悲しいことです。傷つけあい、殺しあうことは、いくら国の大義だといっても在ってはならないことです。全世界に原爆の恐ろしさを知らしめた63年前の夏。しかし時が経つにつれその悲惨さが忘れられようとしています。

　私が生まれたのは、今から60年前。敗戦の傷跡も少しずつ癒えて、ようやく人々の生活も貧しいながら落ち着いてきた時代です。母は毎年夏には私たち姉妹に「よそ行き」を縫ってくれました。それらは今でもよく覚えています。

　洋裁など習ったことの無い母が、スタイルブックを見ながら一所懸命ミシンを踏んでいました。私たち姉妹2人の洋服は、生地を節約する為に断ちあわせをするので、いつもお揃いです。今から思えば、見よう見まねで作るその洋服はあまり上出来ではなかったようです。ある年は、紺色に白の水玉のセーラーカラーのワンピース。ある年には、グレー地に色々な色で油絵風に幾何学模様を描いたロウウェストのワンピース。またある年には白と紺色の縦縞に白い襟のついたワンピース。出かける時には必ずそのワンピースを着て、木綿のソックスと白いサンダルをはき、白地に紺のリボンのついた帽子を被ります。その時の嬉しいような恥ずかしいような少しウキウキした気持ちは、今でも鼻の奥がキュンと痛くなるほどの懐かしさを伴って思い出します。

　ひと夏に一着のワンピース、それは私にとって、何よりも大切なものでした。

　毎日でも着ていたい母の作ってくれたワンピース。それを着ると何でも願いがかなえられるような気がしました。それを着た時なんだか大人になったような気がしました。

どのような時代であっても、少女はきれいな洋服を着ることが大好きです。

2008年の夏の蓼科は穏やかな天候が続き、心地よい風が吹いています。

あの63年前の夏の日、大切なワンピースを着て、戦争の最中にも女であることの喜びを精一杯表現していた少女たち。未来を信じ、戦いのない日が来ることを願っていた少女の祈りを、風はしっかりと受け止めて天の彼方にまで運んでくれることでしょう。

2　マリー　ボスキアン荘の住人

初秋の蓼科の空は抜けるように青く、雲ひとつない空がどこまでも、どこまでも続いています。天空の遥か彼方まで青い空が続く。その果てにあるものは？

マリー　ボスキアン荘（森のマリー荘）の主人で、大学で東方キリスト教を教えていらっしゃる大森正樹先生の著書『東方憧憬』（新世社、２０００年）の一節を思い出します。

「初めて東京の復活大聖堂（いわゆるニコライ堂）に入ったとき、この聖堂の雰囲気を表す一つのイメージを受けた。それは色でいうと紺色ということだった。どこからそういうイメージを受けたのかよくわからない。入口にあるステンドグラスの色か、まだほのかに残っていた香の匂いのせいか、あるいは全体に薄暗い聖堂内に差し込む光との協奏によるものか、よくわからない。しかし、この『紺』というのはイコンで『所存在の神』や『超越』を表し、見る人に深さと静けさの感じを与え、全能者キリストのマントや童貞マリアの上着、変容のキリストの後光の中心に色づけされる」（13頁）。

ステンドグラスを透して差し込む光と、残香に満ち溢れた紺色の聖堂を思う時、また、抜けるように青い蓼科の空を見上げる時、私は天空の彼方にある神の存在を身近に感じるのです。

私が「東方キリスト教」と「マリー　ボスキアン荘の主人」に出会ったのは、今から3年前のことでした。教会のオルガニストにも関わらず、キリスト教のことをよく知らなかった私は、キリストについて詳しく学びたいと思い、大学に行ったのです。

講義の中で、イコンや東方キリスト教の典礼に触れたとき、私は今まで経験したことの無いほどの深い感動に包まれました。その典礼は、初めから終わりまで、まるでこの世のものとは思えない歌声によって埋め尽くされ、その中で司祭や補祭が「イエスの最後の晩餐」を再現するのです。その歌声は、遥か彼方から聞こえたかと思うと、今度は耳のすぐ近くで響きます。今行っている典礼がその前の典礼につながり、その前の典礼がまたその前の典礼へと続いて行く……そしてそれを辿るとキリストとの「最後の晩餐」にまで行き着く。それは何と素晴らしいことなのでしょう。今生きている私が2000年前のキリストと同じ空間にいるという実感はたとえようもなく神秘的で、まるで神＝青色（紺色）の世界を漂っているような気がしました。

その上、それを講じていらっしゃるマリー　ボスキアン荘の主人が、正にこの荘の名前の通り「森の住人」で、この世の人とは思われない雰囲気をもった人物。日本語での講義にも関わらず私には、「ギリシャ語」や「ヘブル語」で、話していらっしゃるように感じました。彼がビザンティン帝国の首都コンスタンティノーブルに現れてもおかしくないような人物に思われたのです。そして人間との関わりよりも神や自然との関わりの方を好み、いつもその自然の中で神と対話している、私には彼がそのように思えて、とても近寄りがたく思ったものでした。

そんなころ、私は蓼科を吹き抜ける風に「マリー　ボスキアン荘の主人」の気配を感じ、思わずあたりを見回す、ということが何度もありました。でもそれは、ただ風がブナの葉をサワサワと音を立ててゆらしているだけ。

青い空の彼方から吹いてくる風は、私にそのような思いを呼び起させたのでしょうか。私には蓼科の空が東方キリスト教会の聖堂となり、上から聖霊がこの森に降り注いでいるような気がしたのです。

そしてそれからしばらくたったある日、とうとう私はマリー　ボスキアン荘のお茶に招かれることになりました。夫と二人で森を一目散に駆け抜け、曲がりくねった坂道を上ると、木立の中に煙突屋根が見えてきました。ホタルブクロやヒメジオンの花が咲く「森の荘」のまえには、きれいな夫人といっしょにコンスタンティノーブルの住人が立っていたのです。お茶の時間は飛ぶように過ぎていきました。もちろん日本語で会話をし、日本茶も頂きました。目の前にいた白い衣服に身を包んだ２０００年前の人物が徐々に私たちと同じ時間にいるスポーツシャツの人となり、そして現実の大森先生になっていったのです。

夏の気持ちよい午後のひと時、語らう私たちの上には、前と少しも変わらず、心地よい風が吹いていました。

「東方キリスト教」の風は、2000年の昔から現在にいたるまで変わること無く、全世界の人々の悲しみを救いあげ、生きる喜びをあたえ、時にはやさしく、時には厳しく、そこにいる者を温かくつつみこんでくれているような気がします。

3　小さな山男

夏も終わろうとするある日、大阪から息子と孫が「木もれ日荘」の森にやってきました。孫の名前はユウ、5歳になったばかり。ふだんは保育園に通っている全身食欲の塊のような元気いっぱいな男の子です
お母さんが仕事で一緒に来ることが出来ないので仕方なく男2人の旅となったのです。ユウにとってお母さんと別れて幾日も過ごすのは初めての経験です。連れてきた息子にも、又迎える私と夫にも多少の不安はありましたが、これも良い経験と思い、この「冒険の旅」を出来るだけ楽しいものにしようと決めたのです。
久し振りに会うユウは、背がピユーンと伸び、なんだか急に少年になったようで眩しい感じがしました。彼は木もれ日荘に着いた途端、背負っていたリュックをポーンと放り出し、私たちと一緒に暮らしている3代目の犬のゆめこをいきなりギュッと抱きしめて「こんにちは」の挨拶をしました。驚いて逃げ出すそのシッポをつかんで再び抱きしめ、そして採れたてのトマトやトウモロコシをおなかいっぱい食べたと思ったら、すぐに森に遊びに行ってしまいました。ゆめこはこの台風のようなユウに驚き、どうしてよいのか分からず、しばらくその辺をうろうろしていましたが、やがてハウ

スに入り、出来るだけ目立たぬように隠れていました。

やがて外から元気のいい声とバシバシっという大きな音が聞こえてきました。私は何をしているのかとデッキから森の方を見ると、ユウがシラカバの折れ枝でカラマツやブナの幹を手あたり次第に叩いていました。しばらくそれが続き、その次は、どこから持ってきたのか枝切りバサミで、そこかしこの草や野花を切り捨てているではありませんか。

私は思わず「駄目よ！」と大きな声を出しました。しかしユウは、どうして怒鳴られているのかわからず、一瞬キョトンとした顔で私を見上げ、すぐ又楽しそうにその「作業」を続けているのでした。

私はユウが転んで枝で目やおなかを刺したらたいへん。木や花がかわいそう。そんな思いから外に駆け出そうとしました。その時、口に人差し指を当てながら夫がユウに「シーっ！静かに。木に耳を当ててごらん。何か聞こえないかい？」と語りかけている声がしました。

見ると3人並んで神妙な顔でカラマツの幹に耳を付けていました。

「サーサーという音がするっ！　木がしゃべっているよ。」「だろう。木はユウと同じように生きてるんだよ。」「お花も生きてるの？」「そうだよ。」

3人はそれから、あたりが暗くなるまで帰ってきませんでした。

その日の夜はユウの大好きな焼肉です。4人と1匹は丸い鉄板を囲みました。たくさん用意したお肉やカボチャ、玉ねぎ、キノコなどは次々にみんなのおなかに消えていきました。

肉や野菜を鉄板に乗せる度に「これも生きてるの？」というユウの質問に

1つ、お皿に取ったものは残さない。

2つ、いつもありがとうの気持ちでたべる等々

と、息子は「生きているものをたべるときの心得」を一席ぶっていました。ユウがどこまで分かったのかはギモンではありましたが……。しかし彼の辞書には「残す」という文字は最初から載っていないのですから、お皿は当然空っぽです。

夜は淋しがって泣くかなと心配しましたが、昼間の疲れからか、お風呂から出たとたん朝までぐっすり。

つぎの朝もユウはゆめこのしっぽを引っ張って「おはよう」の挨拶をしてから夫と一緒に意気揚々と森に散歩にでかけて行きました。ゆめこは一瞬行こうかどうしようか迷っていましたが、思い切って2人のあとについて行ってしまいました。その日の午前中は「のこぎり」の使い方を夫から教えてもらっていました。小さな体に大きなのこぎりを握って、枯れ枝と懸命に格闘している様子は、まるで童話に出てくる森の小人のようです。

午後からは農場で牛やヤギにエサをやったり、頭をなでたり、ミルクを飲んだり大忙し。ユウの回りは「生きているもの」だらけでした。

それから2、3日後のことです。突然ユウは「1つ、山男は生き物にやさしくする。」「2つ、山男は一人で森の奥にいかない。」「3つ、山男は木をたたかない。」「4つ、山男は、ゆめちゃんの嫌がることをしない。……」等などと夫の後について大きな声を張り上げて復唱し始めました。「これが守れたらジージのような一人前の山男になれるんだ。」と野球帽を後ろ前に被りながら必死に「教訓」を覚えていました。その鼻の頭には、汗粒がびっしり並んでいます。

それからその半人前の山男はジージとゆめこと一緒に、来る日も来る日も朝から晩まで、山男修行をするために森中を駆けまわっていました。

そして木々の間に秋風が吹くころ、立派な山男になって大阪に帰って行ってしまいました。

再び静かになった木もれ日荘では、ストーブの前で今日もゆめこがのんびりと昼寝をしています。そして時々何かを思い出したように外の様子を見に行きます。

私は今でも、小さな天使が森を駆けまわっているような気がする時があります。そしてそんな時は急いで森に行ってみるのです。しかし丸太の椅子の上には秋の光に照らされた大きなのこぎりが置いてあるだけ。小さな山男はいませんでした。

4 風のぼうし

蓼科の林の中を散歩していると風を感じます。落葉松や白樺の葉を揺らし、さわさわと音をたてて、私の帽子を吹き飛ばす。あわてて帽子を押えても間に合いません。帽子はふわふわっと空に舞い、風にのって林の奥のシダの上に落ちました。その時、翔とクッキーの鳴き声が聞こえてきました。

今から20年前、ヨークシャーテリアの子犬が我が家に来ました。息子が一人っ子のため、遊び相手がほしかったのです。ペットショップに行くと、子犬が一斉にこちらを見て鳴き出しました。見るとどの仔もこの仔も可愛くて、迷ってしまいます。取りあえず、どの仔にしようかと端から順番にケージを見ていくと、片隅にねずみ程の子犬が震えていました。店員が「風を引いて助からないかもしれない」と、いとも簡単に言いました。私たちは店員の「初めて犬を飼うなら丈夫で、育てやすい犬種がいいですよ」という声を無視して、風邪ひきの子犬を連れて帰りました。さあ、その晩からが大変でした。震えながら、咳ともくしゃみともわからない変な声で鳴きつづけ、ミルクも飲みません。明くる朝、早々に獣医さんに連れて行きました。そのときも「助かるかどうか保証はできない」と言われ、取りあえず薬をもらって帰りました。それから一週間、夫と息子と私の3人で夜も寝ずの看病をしました。そうしてやっと生きたのが翔（ショウ）です。小さく弱く生まれたけれど、神様から生きることを許された子犬、これからはいつまでも元気で大空を駆け回ってほしい、という意味で息子が名付けました。しかし、生まれつき小柄で、病気ばかりしている翔は息子の遊び相手にはならず、私と夫の腕の中でやっと生きている状態でした。それで息子は又々ペットショップに行きました。今度は、毛はボサボサで、大きさも子犬の域を脱した売れ残りのシーズーの子犬を連れて帰りました。他にたくさんかわいい子犬はいたけれど、この子と目が合った途端離れられなくなったそうです。お年玉をはたいて買ってきた息子の宝物は、シャンプーとカットをしてみると以外に美人、最初にクッキーを食べたので「クッキー」と名づけました。私が息子を叱ると、クッキーは丈夫で優しい性格なので、息子とはすぐに友達になりました。クッキーは間に入って息子の傍に寄り、自分が代わりに怒られようとするものですから、困ってしまいます。眠るのも一緒、おやつも一緒、息子が学校から帰る時間には、玄関のマットの上で待っています。待ちわびてグーグー寝てしまうこともありましたが。息子が病気の時には、ズッとベッドのまくら元で見守っていました。

そして10年がすぎ、息子も大学入学のため関西に行きました。

いつも一緒にいた息子がいなくなったものですから、クッキーは2～3か月の間塞ぎっぱなし。息子から電話がかかると必ず電話口に飛んできて、聞き耳を立てていました。そしてそれからは、毎晩息子の部屋で寝るようになったのです。

やがて翔は10歳、クッキーは8歳になりました。人間なら60歳~70歳くらいでしょうか。いくら子供のように育て、愛情を注いでも、私たちより早く神様のもとに帰っていってしまう。そのことは重々覚悟していても辛いことです。それからしばらくして、ついにその時がきました。病弱で1キロ足らずしかなかった翔は、10年生きて神様のもとに逝きました。最後までフラフラしながらも、自分でトイレに行き、犬の誇り(?)を失わず、いつも凛として生きた翔は、夏の朝、私たちを見あげてフっと息を吐き、それを静かに吐き切った時、風になって旅に出て行ってしまいました。

クッキーは、急に翔がいなくなったので淋しいのか、しばらくはベッドの下や押入れの中を探し回っていましたが、ついにあきらめて少しずつ落ち着きを取り戻しました。その後数年間、クッキーは静かな晩年を過ごしましたその間、息子も結婚し、子供が生まれました。小さいころから喘息でいつも苦しんでいた息子が父親になれたのです。

息子が無事に一人前に成長した姿を見届け、安心したのでしょうか。

その年の5月の雨の日、クッキーは新緑の香りのする風にのって神様のもとに逝きました。

いのちあるものは必ず神様のもとに帰っていく。それは仕方のないことです。しかし子供のように慈しんだものが、自分より先に天に行ってしまうことは身を切られるよりも辛いものです。

一緒に走った草原、一緒に日向ぼっこした木の根っこ、一緒に呼吸したみどりの湿った空気、蓼科の森には私と犬たちの懐かしい思い出がいっぱい詰まっています。

もう一度この腕に抱きしめたい、と思った時、風が私のぼうしを吹き飛ばしました。

5 アザミの好きな人

蓼科の8月は、澄んだ光と空気を通して、いろいろな野山の花の色がいっそう濃く見えるときです。その中でも　緑をバックにひときわ鮮やかな赤紫の花をつけたアザミは、通る人の目を引きつけます。

アザミを見るたびに、ある人のことを思います。

その人、舟橋令子さんは、いつも「わたしのお葬式のときの献花はアザミ、そのときの曲は『アザミのうた』を弾いてね。」といいます。それを聞いて私も「了解デス。」というものの、「天国への旅立ちは、夏にしてね。」ということも忘れずに付け加えます。

令子さんと夫である鉱一さんは、YMCAの山岳会で知り合い、結婚をし、2人の子供を育てました。鉱一さんは、幼い時に耳の病気がもとで、両耳が聞こえなくなり、それ以来静寂の世界にいる人です。幸い読唇術ができるので、人の話している内容は理解できるということでした。剣道の達人で、いつも人の気持ちを思いやる強くて優しい人です。一方令子さんは、竹を割ったような爽やかな性格の持ち主です。

子育てが一段落したころ、よく2人で山に登っていました。日本の山をはじめスイスのマッターホルンやユングフラウなど、登った山は数知れず、年を経るごとに2人の山の思い出は増してきました。登山といっても、本格的に装備して険しい山に登る、ということではなく、ハイキングをしたり、時には登山電車を使いながら高山植物や野鳥を観察したり、土地の食べ物を楽しむという無理のないものでした。

2人の語る旅行記は、鉱一さんの静寂な世界からの眺めと、令子さんのかすかな風のそよぎも聞くことの出来る音のある世界からの眺めとが相まって、まるで、バッハのフーガを聞いているようです。「優しさと力強さ」の2声の旋律の中に「山」のモティーフが繰り返し繰り返し出てくるのです。

まだ見たことのない私でさえ、その景色や空気の匂いまでも思い起こさせられます。晩年2人が特に愛したのは、信州八ヶ岳とその麓、蓼科高原の原村です。毎年通っているうちに常宿のオーナーと親しくなり、そこに行く時は、「もう一つの我が家に帰っていくようだ」と言っていました。

蓼科は、訪れた人の心を虜にしてしまうところです。

冬のピーンと張った空気の冷たさ、春の萌え立つようないのちの輝き、夏の力強いエネルギーの饗宴、そして涼風がふき、やがて、いのちの終焉、そして、いのちの交代を迎える秋が来るのです。

そんな蓼科の四季を愛し、蓼科の山々を歩き、そこに咲いている草花を慈しんだ2

人でした。

しかし、人もいつの日か、いのちの交代を迎える時が来ます。

鉱一さんにもその時が訪れようとしていました
普段はしっかり働き、休暇になると山登りを楽しむ。そして日曜日には教会に行く。

という長年の生活が鉱一さんの病で一変しました。

長い闘病生活が続き、鉱一さんの体は次第に弱っていきました。令子さんも毎日の病院通いで疲れていたことでしょう。しかしそんなとき2人で見た蓼科のいのち燃え盛る夏野のアザミの姿に勇気づけられたのではないでしょうか。どんな時も弱音を吐くことなく、淡々といつもの生活を続けていました。

それからしばらくして鉱一さんが天に召されました。その時も気を落とすことなく、葬儀の数日後には、礼拝堂で賛美歌をうたい、祈る彼女の姿がありました。

大自然の中にいると、常に生きるものの「いのちの交代・いのちの継承」に出会います。小さな虫からシカやイノシシまで、次のいのちを残すために一生懸命に「今」を生きています。

「空の鳥、野の花を見なさい。（中略）栄華を極めたソロモンでさえ、この花一つほどにも着飾ってはいなかった。（中略）『何を食べようか』『何を飲もうか』『何を着ようか』と言って、思い悩むな。（中略）明日のことは明日自らが思い悩む。その日の苦

労は、その日だけで十分である。」（新約聖書　マタイによる福音書6章25節〜34節）

アザミの好きな人は、ことしの夏も蓼科を訪れているのでしょうか。

6 夜の風

朝、屋根の上を歩く小鳥の足音で目が覚めます。時計を見るとまだ6時前。もう一眠り、と思いながらも、森の冷気が体の隅々まで行きわたると独りでに頭は今日一日の予定をたてています。朝は希望の時、どんなことでも可能な気がします。先ずは服装を整え、夫と犬と一緒に散歩です。夜露で洗われた草々の間を歩くと、昨年の今頃にはたくさん見られた〝ほたるぶくろ〟や〝コマクサ〟が咲いていない、とか今年は〝吾亦紅（われもこう）〟の先がまだ出ていない等々、様々なことに気がつきます。しばらく行くと「注意！」と大書きで書いてある看板がありました。害獣駆除のために罠を仕掛けてある、というのです。ここで言う〝害獣〟とは、猪や鹿のことです。我が家にも時々鹿や野ウサギが来ます。「チューリップの花が明日は咲く」と楽しみにしていたのに何もなくなっていたことや、鹿の親子がドウダンツツジの白い小さな花をムシャムシャ食べている現場を目のあたりにすると、「せっかく植えたのに……」と腹が立ちますが、本来この地はこれら動物のテリトリーなのだ、と渋々諦めることにしています。しかし近辺の農家にとっては、諦めがつくどころか、死活問題になっているのです。鹿を見て「のどかな森の風景」と心安らぐのは、都合の好い時だけ森に来る我々「勝手な都会人」だけなのでしょう。

ですから、せめて「勝手な都会人」もここにいる時には、余計な殺生をせず、蝿や蛾にも遠慮して過ごそうと思っています。

車で山荘まで来ることだって、自然破壊。彼らにとっては迷惑なことでしょう。「今年は花が遅い」だの、「ハハコグサの群生が見られなくなった」だのと、勝手なことばかり言っていますが、その原因の大部分は私たち人間にあるのだと思います。本来自分の足で一歩一歩歩いて来るべきなのに、排気ガスをまき散らしながら、都会から一飛びで森にやって来るのですから、自然のサイクルが狂うのは当然でしょう。道の端に咲く小さな名も知らない花をじっと見ると、神様だけにしか創ることの出来ない可憐で美しい姿や色に感動してしまいます。「栄華を極めたソロモンよりも野に咲く一輪の花のほうが美しい」と聖書に書いてありますが、思わずその一輪の小さな花に見入ってしまいます。そして花だけではなく、庭に来る鹿の親子の姿の美しさに哀しさを感じます。

最近読んだ辻邦夫氏の『遥かなる旅への追想』（新潮社、1992年）。私はこの本の第一ページ目を開いた瞬間、その世界に引き込まれてしまいました。その中の一節「僕らは太陽が輝き、大都会の交通が雑踏するとき、決して死者や病人について、それほど深刻に考えない。（中略）病院でさえ、昼の光なかでは、若い看護婦たちの白衣の行きかう清潔な廊下であり、医学の絶対権が支配する聖域であり、生命を計測値に換算する合理的な牙城にすぎない。（中略）しかしひとたび夜というこの不思議な黒のヴェールが、あたかも巨大な魔術師のビロードのマントのように静かに大都会の上に降ろされると、地上の様相は一変する。（中略）夜はいよいよ深くなり、都会の通りはますます空虚になる。重い沈黙が家々を包む。（中略）すべての人は寝静まり、町は死の静寂だ」（9頁）。

彼がプラハを旅した時の印象を書いた中にある箇所です。ここを読んだとき、私は以前これと同じような体験をしたことがあるような気がしました。

ベッドに横たわり、悶々として夜を明かす。ひたすら朝の来るのを待っている自分の姿。そしてそこには自分の墓標が建っている。夢なのか、幻想なのか今となってはよく分かりませんが。

それ以来「夜」は不気味だと思ってきました。特に辻邦夫氏が語るように「死の静寂に包まれた夜の都会」にいる時にそれを強く感じます。

しかし意外にも、真っ暗でシーンと静まり返る夜の森は少しも不気味ではないのです。「死の静寂」どころか「夜の静寂」を通して「いのちのみなぎり」を感じるのです。

昼間は太陽の光に照らされ、あるいはやさしい雨に包まれているこの森も、夜になると、きつねが獲物を探す足音や、クモの巣から必死に逃れようとしている虫の羽音が聞こえます。太古から続いているこれらの生きるための営みが蓼科の森で今夜もくりひろげられます。

7 森のともだち

蓼科はお盆を過ぎ、8月も下旬になると急に静かになります。道を行き交う人の数も少なくなり、今までの賑わいが嘘のように思えます。朝の気温もズーっと下がりストーブが恋しくなります。

そして9月、今まで盛んに鳴いていたカッコウはとうに南へ行ってしまい、高原に避暑に来ていた人も一人帰り、二人帰りして、あとは少数の後発組と定住者だけの世界になってしまいます。毎朝、無人販売所に採れたての野菜を満載してきた農家の軽自動車の姿も無く、避暑客であふれ返っていた地元のレストランも空き席が目立ちます。

人のいなくなった蓼科で私と夫とシーズー犬の2人と1匹は、朝食前に散歩、食事が終ると家事、その後原稿書き、そして昼食。その後、庭の木々のあいだを歩いたり、花や木、鳥を見たり本を読んだりします。それから又夕食を作り、食事が終ると、音楽を聞き、そして眠る、というういつも通りの生活を続けています。

今日は朝からスープを作るためにカボチャを煮ています。

肌寒くなった蓼科の森の中の御馳走は温かいものが一番です。とろとろ燃える火と、沸き立つカボチャの匂いのするキッチンにいると、50年前と同じ生活をしていることに気づきます。

私がまだ子どもだった頃、私たち一家は街から少し離れた森の中の家に暮らしていました。家のまわりには、コナラ、クヌギ、シイなどの雑木林があり、そこは私たちの格好の遊び場でした。この森の中には、農林省の研究機関があり、そこで働くひとたちの家があったのです。それらの家は森の中に5軒パラパラと建っていて、そしてまたもう少し離れた所に数件かたまって建っていました。

母たち、そこに暮らす主婦は、森で採れる自然のものを使って料理をしていました。野イチゴのジャム、タケノコとウドのピクルス、蕗の佃煮など今でも懐かしく思い出します。近くの商店街には30分くらいは歩かなければ行けませんから、こういうものも活用せずにはいられなかったのでしょう。

日用の買い物は、御用聞きなどで間に合わせていましたが、月に2～3回は街にでることもありました。それには、共同の自動車を使うのですが、私たち子どもは滅多に乗せてもらえませんでした。学校やピアノのレッスンや教会学校に行く時は、森を抜けてひたすら歩くのです。それは子どもにとっては大変なことなのですが、楽しみも沢山ありました。冬の朝、まだ誰も踏んでいない新しい霜柱の上をサクサクっと歩くときの気持ちの良さ、春には野イチゴ摘みや、カラスノエンドウで草笛を作ってピーピー鳴らして歩きます。夏は家のプラタナスの木に登ってその上で「世界少年少女名作全集」を読みます。

秋には、そう秋には、今蓼科で作っているスープと同じ匂いを嗅ぎながら、その傍で宿題をするのです。

その50年前と今との間には、同じスープの匂いや森は存在するのに、その間、私の周りでは、色々な事が変わりました。

森の家から町の家へ、町の家から都会の家へ。そして結婚し環境も生活も変化しました。道端の草や空の色で季節を感じていたことなんてすっかり忘れ、長い間自然に目を留めることさえしなくなりました。くもってもいないのに、どんよりしている灰色の空や、人でごった返している都会に住み、分単位のスケジュールに従って動いていました。

そしてある時、突然木や鳥が恋しくて仕方がなくなったのです。

秋の蓼科の友人は、本と、冬眠のためにせっせとドングリを拾うシカやリスと、少数のまだ此処にいる人たちです。

今朝も新聞と牛乳を買いに車で下の販売所まで行きました。

いつも店番している小母さんと「今朝は寒くて、ストーブを燃やしました。」「みんな帰って行って淋しくなりましたね。」「本当にね、でも淋しいのはこれからよ。」など話しました。

ススキが穂を出し、吾亦紅が赤く染まり、マツムシソウが咲きそろう高原の9月。それから森は一気に色づき、活気に満ちます。そしてやがて冷たい風に落ち葉が舞い、黒々とした枝に雪が積もるころ、静寂さが森を包むのです。その中では着々と新しいいのちが芽生え、春の出番を待っているのです。

私は、時折おとずれる森の友人のために今日も温かいスープを作ります。

8　風のコンサート

先日、私の所属する教会で「愛のうた、祈りのうた・シャンソンから宗教音楽まで」と題し、ソプラノの原順子さんのコンサートが開かれました。
新聞を見てコンサートのことを知り、初めて教会に来た、という人も多数いらして、さほど大きい礼拝堂ではないので、椅子が足りるかと嬉しい心配をしてしまいました。
プログラムは
第一部「愛のうた」
・バラ色の人生
・ケ　セラ　セラ
・泣かせてください（ヘンデル）
・タイム　トゥ　セイ　グッドバイ
第二部「祈りのうた」
・アメージングレイス
・アヴェ　マリア（シューベルト）
・母の教え給いし（ドボルザーク）

・結婚の祝福のうた

・主の祈り

（アンコール曲はアヴェ ベルム コルプス）の10曲です。

演奏だけでなく、その合間に原さんのお話（曲の説明と今感じていること等）が入り、とてもあたたかなコンサートになりました。最後の曲が終った瞬間、私は今までのコンサートでは味わったことの無い感激に包まれました。

私がピアノの伴奏をしている間中、風が私のまわりを包み、そして原さんを包み、やがて聴衆をも包み、歌声がみんなの祈りとなり、礼拝堂を超えて響き渡る感じがしました。

今回は礼拝堂ですることで、私には、普段とちがうプレッシャーがずいぶん掛っていました。ただ単に「音楽の楽しさ、美しさ、素晴らしさ」を伝えるだけではいけないような気がしました。原さんと一緒にコンサートの企画、選曲をし、練習をしてきましたが、その間中、ズーっと不安感は去りませんでした。

楽譜読みから始まり、最初の伴奏合わせ、その後何度も曲想を考え弾き直し、又伴奏合わせ、そして本番になるのです。いつもはそれでOKなのですが、今回は歌と伴奏は合っているのに、何かしら足らないものが有るような、釈然としない状態がしばらく続きました。

ソプラノの原順子さんは、私より随分若いクリスチャン。現在コンサート活動のかたわら、難病の子どもの夢をかなえる団体のスタッフとして働いています。

彼女は、礼拝でいつも美しい声で賛美歌を歌っています。会衆もその声につられて、まるで自分もきれいな声で歌っているような気になり、みんな大きな声で歌います。

コンサートの中で、原さんは、自らの離婚の体験を語りました。結婚の時、神に誓ったこととは違う人生になったことを淡々と語り、しかしなおも自分には神さまによって「バラ色の人生」が用意されている。

「ケ　セラ　セラ」とすべて神に任せきる生き方。常に祈りと謙遜とを忘れずに、神から与えられた声で、神を賛美する生き方をしたい、と語りました。

原さんの話しを聞き、そして伴奏するうちに「祈りのうた」とはこういうものなのだ、となんだか納得させられるような気がしました。演奏している最中に、メロディーの中の音が、風に乗って歌い出し、礼拝堂の中が音でいっぱいになったかのように感じました。

この何週間かは、ひたすらきれいに、ミスタッチがないように、そして無事にコンサートが終わるようにと願って練習していました。何日も同じ曲を練習していると、手だけが勝手に動き、こころは他のこと（今日の夕食のことなど）を考えていることがよくあります。そういう状態がつづくとやがて、曲全体がガタガタに崩れ、いわゆるスランプ状態に陥っていきます。この状態を立て直すのは、ひたすら練習をつづけるしかありません。そして無心になれた時、初めて気持ちが軽くなり、この膠着状態から抜け出せるのです。まるで神様が私の手を取って動かして下さっているかのよう、一瞬まえのみじめな自分が嘘のように思える時が来るのです。ひたすら自分が上手になることを願っていたときから、神様により頼む気持ちになったときに、神様は助けて下さるのだと思います。

コンサートが進むうちに、種々の懸念は消え、聴衆がいるのも忘れ、ひたすら歌のことばが聞こえてくるだけになりました。

原順子さんとのコンサートの最後の曲、「主の祈り」を歌いあげたときに、私たちと聴衆に吹いたものは「神からの祝福の風」「聖霊」ではなかったかと思いました。

9 平和をかたり継ぐ人

8月下旬の蓼科の森は、蝉がいのちの最後のエネルギーを放出するかのように、朝から一斉に鳴いています。その中を初秋の爽やかな風がとおり抜け、萩の葉を揺らします。

テレビではこのところ毎日、北京オリンピックの様子を伝えています。金メダル勝者の喜びと興奮の声、予選落ちした選手の落胆した顔などが画面いっぱいに映し出されます。見るものの心にアスリートたちの、今までの練習にかけた時間とエネルギーと努力が伝わってきて、つい胸が熱くなってしまいます。普段はあまりテレビを見ない私もついついスイッチを入れてしまうのです。

しかし、スポーツマンシップに則り運営されるべき平和の祭典も、近年は国の政治の力に左右されていることを知り、残念な気持ちを抑えることは出来ません。これから先、子供、孫、そしてその先々までずっと真の「平和の祭典」が続くことを、そして世界中が誰にも支配されることのない真の「平和な世界」が訪れるようにと願わずにはいられません。

今朝（2008年8月22日）の信濃毎日に「『原爆の悲劇世界に訴え』＝沈黙破り

78歳で語り部に」という見出しで、ベルリン工科大学などで教鞭をとってきた、ドイツ在住50年の外村秀人氏の記事がのっていました。トルーマンが原爆投下命令を出したポツダムの「リトル・ホワイトハウス」の前で、ドイツ人のアスリード夫人と語っている外村氏の写真と見出しをみて、思わず惹きつけられてしまいました。

外村氏は、16歳の時に爆心地から1・5キロの地で被爆しました。大学卒業後は、ドイツ、ベルリンのマックスプランク協会の研究所に留学、そこで高分子物理化学を専攻しました。彼は日本で、被爆者という差別をイヤというほど受けた経験から、差別や偏見のない世界で研究に没頭したかったのだということです。

しかし初めから「原爆の語り部」をしていた訳ではありません。60歳までは、普通の研究者としての日々をおくっていました。語り部を始めたのは、「ヒロシマ　グラウンド　ゼロ～あの日、爆心地では」のDVD製作者である映画作家の田辺雅章氏の「やり残したことがある」ということばを聞いたときからでした。

「唯一の被爆国」の日本人としてではなく「人間の、全人類の問題」として核兵器の廃絶を訴える彼の講演は、聴く人々の脳裏に、核の恐ろしさ、核の無用さが強く刻まれることでしょう。

スイス、オランダなど欧州各地から講演依頼が引っ切り無しに舞い込み、78歳の今も精力的に「平和をかたり継ぐもの」として、又、1938年に核分裂が発見された土地であるベルリンで暮らしている者としての宿命を感じて、活動しているということです。今、彼は、「リトル・ホワイトハウス」前を「ヒロシマ広場」にするプロジェクトにも参加しています。２０１０年には「ここで原爆投下の命令が下された」という記念碑が此処「ヒロシマ広場」に建つことでしょう。

日本に於いても敗戦後63年の今日、「語り部」として自らの戦争の体験をかたり継ぐ人々は、みな高齢になってきました。次の「語り部」は直接に戦争を知らない世代なのです。「平和をかたり継ぐ者」という役割を、引き継ぐ責任が私たち、殊に日本人にはあると思うのです。

あれほどに悲惨さを知った私たち日本でさえ「核の廃絶」に消極的な気運になってきています。世界に於いても「核」への興味は尽きません。彼、外村氏は、核の実験のためだけに日本に原爆投下をしたアメリカは、「今も『使える核』の開発に忙しい」と語っています。

オリンピックムード一色の今、この記事が私たちに訴える意味は何なのでしょう。

蓼科の緑の森で「平和」を考えるとき、今。現在戦争をしている人だけが、「平和を壊す者」ではなく、此処にいる私も又「平和を壊している者」なのだと思えてなりません。緑の侵入者として、先住者である虫や動物、花や木の生態系を狂わせ、生活圏を脅かすものでもあることに心が痛みます。

10　いのちを見守るひと

「人は死ぬのだ」と実感したのはホスピスのボランティアを始めた時です。

今から十数年前にがんセンターに入院したときから、私はいのちについて真剣に考えるようになりました。そのような思いから、新しくホスピスが出来たとき、すぐにそこでのボランティアを希望しました。

ボランティアの仕事は、患者さんのお世話や楽しみの提供です。また患者さんだけではなく、時には看護する家族のための用事もします。

朝のお茶淹れから始まり、昼食の配膳、午後のティータイムの支度、そしてその間に各部屋やラウンジの花生け、洗濯や軽いマッサージなどの身の回りのこまごましたお世話などを、患者さんの容体に応じて行います。また、ボランティアの趣味や特技を用いた音楽や手芸などのお楽しみプログラムを提供することもあります。

私は、時々ラウンジでピアノを弾きます。初めはお茶の時間に小さな音でBGMを弾いていたのですが、いつの間にか患者さんや家族の方にいろいろな歌をリクエストされるようになりました。それらの曲には、それぞれの人生の忘れられない大切な思い出がしまわれているのです。

乙女の祈り、ローレライ、赤いサラファンから歌謡曲、演歌まで飛び出し、体をゆすったり、涙を流しながら歌っている顔は、とても幸福そうに輝いて見えました。まるで自分の病気のことなど忘れてしまったかのようです。

又この時間は、音楽を楽しむひとだけではなく、絵を描くひと、庭の花で押し花を作るひと、みな思い思いに過ごします。気分の良い時にはせめておしゃれをしたいと、ボランティアにマニキュアをしてもらっているひともいます。

しかし、そのような静かで平安な時間も長くは続きません。病気は現実のものであり、いつ「死」が訪れても不思議ではありません。ラウンジでの楽しい時間のすぐ後に旅立って行ってしまうこともあります。そのような体験をする度に、私たちボランティアは患者さんの残された時間の大切さを痛切に思うのです。貴重な一瞬一瞬を気もち良く過ごしていただくことが、私たちの最大の願いなのです。

そしてこのような日々を送る患者さんの隣には、いつも細井順医師がいます。彼は、ただ今56歳のクリスチャン。10数年前に父親をがんで亡くしたことで、外科医からホスピス医に転向した経歴の持ち主です。そして彼自身もがん経験者なのです。

彼はいつも牛乳パックで作った椅子を持ち歩いています。もちろん回診のときも忘れずに持っていきます。その椅子は高さが30センチくらいなので、細井医師が腰かけるとベッドに横たわっている患者さんの目の高さと一緒になります。目の高さが一緒になることで、医師対患者という強者と弱者の関係が、「あなたも私もいずれ逝く人」という対等な関係になるのです。時期が違うだけで、いつの日にかひとは皆旅立つのです。そしてそのような関係から、「憐れむ」気持ちではなく、「いたわる」気持ちが湧いてきます。患者さんも「見放された」という孤独感から解放されるのです。

私はこの頃、人間の最大の痛みは孤独ではないか、とつくづく思います。ホスピスでは、痛みの緩和を第一に考え、それを取り除くために最大限の努力をします。しかし痛みが取れたから良い、というものではありません。痛みのケアがなされたとき、その次に襲ってくるものは、「孤独」の恐怖です。「何で、どうして自分だけが……」という絶望感から自暴自棄になってしまう患者さんもいます。そんなとき細井医師はゆっくり時間をかけて、患者さんの話を聴くのです。病室に入ったきりで、しばらく出てこないこともよくあります。彼自身、生死の境をさまよった経験から、孤独の恐怖については人一倍理解しているのでしょう。部屋の片隅で祈っている姿をよく見ます。

ひとはみなやがて最期を迎えます。

死は若者にも老人にも訪れます。人生これから、と希望に胸を膨らませていたひとの上にも、長い間一生懸命働き、これから老後をゆっくり過ごそうと思っていたひとの上にも死は平等に、そして突然襲ってきます。そしてその「ひと」は私自身でもあるのです。

　このような時、私たちは身も世もなく泣き崩れることでしょう。泣いて泣いて涙が枯れるまで泣いた時、その涙の果てに見えるものは、私たちのために涙して下さるイエスの姿ではないでしょうか。悲しみと孤独にうち震えている私たちを受けとめて一緒に泣いて下さる方の存在を知ったとき、風の彼方に悲しみは消えていくのです。

11　2人の小さな姉妹

蓼科も8月下旬になると、吹いてくる風も濃い緑色から少し金色の混じった透明に近い緑色にかわります。今まで咲き誇っていたミヤマキンポウゲやシモツケに変わりススキが穂を出し、やがて秋の森はマツムシソウやキリンソウが咲き乱れます。季節が素早く交替し、入道雲が筋雲に代わる頃、生き物たちは冬支度に入るのです。ここでいのちを終えるもの、次の季節まで冬ごもりするもの、それぞれが、何の疑いもなく、神から託された自らの「生」を淡々と受け入れていく姿を日々見つめていると、ホスピスで会った幼い2人の姉妹のことを思い出します。

今から16年前、私はがんセンターに入院しました。現在の医学では、あまり心配の無い軽いものでしたが、当時は、即手術、その後3週間の入院をしなければなりませんでした。突然の出来事に「なぜ私が?」と驚き悲しむこともありましたが、患者同士が励ましあっている様子を目の当たりにした時、私の心は少しずつおちついてきました。しかし、がんセンターで親しくなった多くの友も、日が経つにつれ一人逝き二人逝きしていきました。暗い病棟に突然パタパタパタという足音が響き、ドアのバタンという音と同時に「ワァー!」という泣き声がしたならば、それは友が逝ったということです。そんな夜は、外が白じらとするまで眠れませんでした。ベッドの上で何度も寝返りを打ちながら、夜の明けるのを待つ日が何回もありました。

このような経験から、私は元気になったらいつかホスピスでボランティアをしたいと思うようになりました。私のような者でも、何かの役に立ちたい、と思ったのです。それからしばらくの後、ついに私の思いはかなえられたのです。

そしてある時、ホスピスで小学1年と2年の姉妹と出会ったのです。

2人の母は、あとどのくらい生きられるか危ぶまれる状態でした。彼女はまだ若く、幼い娘たちの成長を楽しみにしていた矢先の病でした。どんなに無念だったことでしょう。

私が彼女と出会った時、彼女はホスピスの個室に簡易ベッドとマットレスを入れて、夫と娘の4人で寝起きを共にしていました。

毎日父が2人を小学校まで送ってから勤めに行き、帰りは親戚の人が交代で学校に迎えに行く、という生活が約3週間続きました。

学校から帰ると2人は母のそばで宿題をし、終わったら母の手や足をマッサージしながら、よく母から自分たちがもっと小さかったころのことや一家で旅行をしたことなどを話してもらっていました。そして時には母に本を読んであげたり、一緒に絵を描いたり、トランプをしたりしていました。やがて父が帰ってきます。夜は一家団欒のとき。私たちボランティアはもとより、医師も看護師も、出来るだけ邪魔しないように外から見守っていました。時々室からは楽しそうな笑い声が聞こえ、一見普通の家庭と見間違うかのようでした。

やがて病状は確実に進行していき、彼女はベッドに座っていることよりも臥していいる時間のほうが多くなってきました。しかし4人の生活は、相変わらず続いていました。お母さんが苦しい時には、姉妹で背中をさすり、食事どきには、重湯をひと匙ずつお母さんの口元に運んでいました。だんだん弱っていく母をまえにして、姉妹は母のいのちが徐々に消えていくことを知りました。

この3週間の間、小さな姉妹はたくさんのことをお母さんから教えてもらいました。母のいなくなった後の生活のこと。どんなときにも笑い声をたやさず、父の力になってほしいこと。淋しくなったら星を見上げること。そして「見上げる、ということは希望につながる」ということなどを毎日毎日話していました。

そして、ある秋の深まったころ、二人の姉妹と夫に見送られて彼女は天国に逝きました。それは静かな静かな旅立ちでした。

あとには、母が描いた笑顔の一家4人の絵と、茜色の3つのマフラーが残されていました。

あれから十数年経ちました。

蓼科の初秋の風が木々の葉を揺らすとき、金色のひかりの向こうに大きくなった2人の姉妹の笑顔が見えるような気がするのです。

12 凪を紡ぐひと

義母は今年で85歳、現在認知症の人のためのグループホームに入っています。

昔から気丈で、記憶力が良く、口数は少ないけれど、いつも新聞やテレビのニュースから、まわりの人の一挙手一投足までくまなく見ていました。それで少しでも気に入らないことがあると、その感情を一つ一つ胸に溜め、それが溢れる頃、怒りの嵐となって私に降りかかってきます。

義父が生きていた頃は、義父の仕事の関係で夫の両親は小樽に住んでいましたので、「怒りの嵐の降りかかられ役」は義父が負っていましたが、義父が亡くなった15年前からその役は私になってしまったのです。でも義母の怒りは最もなことが多かったので、あまり反論できませんでしたが、その分私の落ち込みはひどく、涙の出ることも縷々でした。

しかし、3年前からそんな義母に少しずつ変化が見られてきたのです。同じことを何度も言ったり、昨日のことも忘れることが多くなりました。そのような中、買い物のお釣りの計算もあやしくなり、さっき食べた食事も忘れてしまうほどになっていました。それでも夫と私は、年のせいにして、けして惚けたとは思いませんでした。それからしばらくして、今度は、買物の帰りに迷子になってしまったのです。いよいよ私一人では手に負えず、ヘルパーさんを頼みました。すると「もう立派な認知症です。」と言われてしまいました。

完全に呆けている訳ではありませんが、24時間誰かが側にいないと心配でした。私もいつも義母の側にいることもできず、それでグループホーム入所を考えたのです。幸いケアマネージャーの適切な助言もあって、ホームで働いている人の笑顔が決め手となり、家庭的で小規模のホームに入所することにしました。しかし義母には、本当のことが言えず、「骨粗鬆症があるので、気長に療養して治しましょうね。」というと義母はにっこり笑って頷きました。それからは、入所に必要な書類を書いたり、引っ越し荷物を作ったりと慌ただしい日々が続きました。義母を不憫に思う気持ちもありましたが、入所までにすることが多い上、家事や義母の日々の世話などで、義母の気持ちを考えるゆとりもありませんでした。ある日、義母の新しい下着に一枚一枚名前を書き入れていると、義母は私の手元をじっと見ていました。その視線に気がついたとき、私は涙があふれて字が書けなくなりました。その時義母は「早く書きなさい。」というように私の手をちょんちょんとたたき、顔を見て頷きました。このとき義母は何を思っていたのでしょう。今思い出しても涙が出ます。

やがてそうこうしている内にホーム入所の日が来ました。夫は仕事なので、私が手回りの荷物とともに義母をホームまで送りました。

8畳の洋間にクローゼットの付いている個室は、南向きの明るい部屋です。窓には白いレースとピンクの2枚のカーテンが掛けられ、籐の椅子も用意されています。ベッドにはすでに運び入れてあった、義母の羽根布団が敷かれてありました。洋服やタオルをクローゼットに整理し、私が帰ろうとした時、義母はひとこと「いつ帰れるのですか。」と聞きました。私が「治ったらすぐ帰れますよ。」と言うと、黙って外を見ていました。私は、車を運転しながら家に着くまで、「これで良いのだ。これしか方法はないのだ。」と自分に言い聞かせていました。それから2年経ちました。毎週私がホームを訪ねるとラウンジでみんなとテレビを見ています。そして私を見つけると嬉しそうに顔をこちらに向け、自分の隣の席を指差し、いらっしゃい、いらっしゃいと歓迎してくれます。そして私は、9人の入所者の人と一緒にお茶を飲みそれから世間話をします。毎回私を違う名前で呼ぶ人、私を女学校時代の友人と思っている人、時々お茶のお菓子を持っていくのでお菓子やさんだと思っている人、その人たちの中でのおしゃべりは何とも懐かしく、不思議な気持ちがします。義母は、私が帰る時いつも私の手をしっかりつないでホームの扉まで送ってくれます。この世の憂いも苦労も忘れ、心の中で風を紡いでいるおだやかな義母。いつまで私のことを覚えていてくれるでしょうか。

II　全アイルランドの絆、二つの聖パトリック像

葛井　義顕

序論

Ⅰ節　動機

アイルランドは、１１７１年から１９４９年までの約７８０年間、イギリスによって支配され続けてきた悲しい歴史を持つ国である。（現在も、北部はイギリス領である。）このイギリス支配下の17世紀、アイルランドでは、プロテスタント（宗教改革以後入植してきた英国国教会員）とカトリック（宗教改革以前に入植した英国人と元来アイルランドに居住していたゲール人）の権力争いが起こった。この戦いは最終的にプロテスタント側が勝利を収め、宗教改革以後入植したプロテスタント英国人がアイルランドの全権力を握った。彼らはこのような争いが再発しないように、１６９５年カトリック対して刑罰法[1]をもってあたり、カトリックの影響力を減少させ、またアイルランドの国教を英国国教会（プロテスタント）とした。このようなイギリスの支配下におかれた状況の中で、カトリックを信仰するアイルランド民族は、多くの抑圧を受けてきた。しかし、彼らは古から受け継いできたカトリックの信仰を捨てることなく、現在まで継承・保持しつづけている。なぜ彼らが、多くの苦難を受け続けてきたにも関わらず、カトリックを守り通したのか、私にとって大きな疑問であった。このような疑問から、私はアイルランドキリスト教史研究に携わるのであるが、この研究を進めるうちに、一つのことを理解することができた。そのこととは、アイルランドは、7世紀以来アイルランド・カトリック教会を創設したと考えられる聖パトリック（Saint Patrick）によって一つにまとまってきた国家であり、彼の伝えたカトリックの信仰が、民族の絆であったということである。このことは、一つ、聖パトリック死後1500年以上経過した現在においても、アイルランド民族が、聖パトリックの命日だとされる3月17日を宗教的のみならず民族的祝日と位置付けていること、二つ、アイルランド共和国の象徴とされる「シャムロック（shamrock）」（三つ葉のクローバー）は、聖パトリックが人々に三位一体を教える際に例えとして用いたという伝承から来ていることからも理解できる。

5世紀にアイルランドで宣教活動を行った聖パトリックの自らの使命とアイルランド人の救いのために愚直なまでに宣教活動に邁進する姿は多くのアイルランド人の心を動かし、その結果、多くのキリスト教者を生むことになる。そして彼の宣教姿勢を見習った後継者たちの宣教活動よって、紀元前よりゲール特有のドルイド崇拝を行ってきたアイルランドが、わずか二百年の間にキリスト教国となった（7世紀）。そして、彼らは7世紀以来、常に苦難の中で、もがき苦しみながらも、神と真正面から向き合い、神に強められ、支えられてキリストの真理のために全うした聖パトリックを、絆とし、見習ったからこそ多くの苦難の歴史を乗り越えてくることが出来た。アイルランドの人々は、聖パトリック同様、多くの苦難の中で、常に神との関係に生き、神に強められ、支えられてきたのである。

現代を生きる我々は、破局の時代を生きているように思われる。なぜなら、我々現代人は「神との交わり」を希薄にし、他者との心の交流を失いだし、隣人への愛の意義が分からなくなりだしているからである。苦難、辺境とまともにぶつかることができなくなっているからである。このような私たちにとって、辺境に生き、迫害と侮辱から免れることの出来なかったアイルランド人、「弱者」の側に置かれたこの人々が保有・継承してきた「神との豊かな関係」、「人々の神を中心とした交流」の素晴らしさは私たちに語りかけ、教えることが多くあるだろう。

イエス・キリストがそうであったように、キリスト教は、迫害や屈辱や苦難の中で、出来上がったものである。アイルランド人もまた苦難の歴史を歩み、彼らが信奉する聖パトリックもその様な歩みをした。本稿は、アイルランドの人々が保有・継承してきた信仰（神との関係）のもととなる聖パトリックを取り扱うものである。

Ⅱ節　先行研究

１６９５年に表された刑罰法によってカトリック研究は、全面的に禁止された。しかし、ダニエル・オコンネル（O'Connell Daniel）[2]の活躍により、１８２９年「カトリック解放令」が出されると、伝統的アイルランド学問を復興しようとする動きが見られるようになった。そして、聖パトリックの研究も盛んに行われるようになった。聖パトリックについて、記された書物の中で、史実的に信頼をおけるものは、聖パトリック自身が記した『告白』（Confessio）[3]、『書簡』（Epistola）[4]である。しかし、これらの書物は彼の司教職や宣教活動に対する弁明書、パトリックが改宗したアイルランド人を襲撃した暴君コロティクス（Coroticus）[5]に対する手紙であり、ここには彼の宣教期間や場所、人物、彼の宣教の背景や活動の範囲などは全く示されていない。このことを補うために、後の時代にパトリックのことを記したいくつかの伝承が作成された。７世紀のムルクー（Muirchu）[6]の『聖パトリック伝』（Vita S.Patricici）[7]やティレハン（Tirehan）[8]の『聖パトリックに関する覚え書き』（Memoranda）[9]、９世紀においては、先述した二つの初期伝承作品に、更に豊富な民間伝承を組み入れて、大衆に身近なパトリック像を描いた『聖パトリック伝』（Betha Phatraic）[10]がこれにあたる。これは三部作で構成されるため『三部作伝記』(Tripartite Life)とも呼ばれる。しかし、これらはアイルランド各地に残る口頭伝承・民間伝承に依拠しており、また二つの初期伝承作品は司教任命以前のパトリックの霊的養成場所や誰によって司教に任命されたか等のことが異なっており、史実的に信用できるものではない。

このように、聖パトリックが史実的に不明瞭な点を多く持つことから、「カトリック解放令」以後から現在まで、パトリックを歴史的に解き明かそうとする試みが成されてきた。しかし、史実的に確かな資料が絶対的に不足しているため現在も解決されていない。パトリックの研究は、パトリックの伝承を史実として受け入れる「伝統派」と、伝承を排除し、アルスター年代記(Annals of Ulster)[11]等の年代記によって徹底的に歴史的事実を追求しようとする「反伝統派」に分かれ、長い間、討論されてきた。伝統的にカトリックの学者は伝統派に属し、プロテスタント(聖公会)の学者は反伝統派に属している。

(1) J・H・トッド

「カトリック解放令」が出された後、最初に本格的パトリック研究に携わった人物が、J・H・トッド(James Henthorn Todd 1805-1869)[12]であった。彼は著書『アイルランドの使徒聖パトリック』(St. Patrick, Apostle of Ireland)[13]の中で、ムルクーやティレハンの伝承には、パトリックとゲルマヌス（Germanus）[14]の関係や教皇ケレスティヌス(Coelestinus)[15] 1世による派遣の叙述が見られる。これらは、オクセールの教会にあったと推測されるアイルランド司教パラディウス(Palladius)[16]の伝記をパトリックのものと混同し、パトリックの伝承の中に、誤ってもしくは故意に挿入した結果であるという説を打ち出したのである。トッドは「カトリック解放令」直後から、カトリックの伝統的パトリック研究に疑問を抱き、この説を打ち立て伝統的パトリック研究を批判する先駆者となったのである。

(2) カトリックの研究（トッドに対抗して）

トッドの研究に対抗してカトリック側は、1869年聖公会の「国教制度廃止」を機に、「カトリック・アイルランドの使徒パトリック」を強調した伝記作品[17]を続々と生み出す。これらは聖公会に対して、「アイルランドにキリスト教を伝えたのは聖パトリックである。イギリスの統治下にあり、聖公会を国教とされた悲しい歴史を通ってきた現在においてもアイルランド人はカトリックを信仰し、パトリックを深く崇拝している。」と言及するものであった。したがって、彼らの伝記はムルクーやティレハン、『三部作伝記』などの伝承を忠実に受け入れており、伝統的パトリック像を守ろうとする立場にあるのである。

（3） 20世紀の研究

トッドの研究を発端にして、20世紀においては大きく分類して二派（伝統派・反伝統派）に分かれ現在まで論争が続けられている。伝統派は初期伝承作や『三部作伝記』を忠実に受け入れ、それらを『告白』、年代記などによって歴史的に位置付けようとする派であり、J・B・バーリー (J. B. Bury)[18]、L・ビエラー (L. Bieler)[19]、E・マックニール (E. MacNeill)[20]、J・ライアン (J. Ryan)[21] などカトリック研究者の多くがこれに属す。それに対して、反伝統派は伝承を排除し年代記などによって、徹底的に歴史的事実を追求する派である。彼らはJ・H・トッドの研究を発展させ、二人またはそれ以上のアイルランド司教（パトリック・パラディウス等）を想定して、それぞれの宣教期間を推定している。T・F・オラヒリー (T. F. O'Rahilly)[22] やJ・カーニー (J. Carney)[23] ら多くの英国国教会（プロテスタント）研究者がこれに属す。

Ⅲ節　目的と意義

前節の先行研究から『カトリック解放令』以後のパトリック研究は、カトリック対プロテスタント（英国国教会）の図式から成り立っていることが理解できる。7世紀から現在まで、アイルランド民族は、『告白』や『書簡』に見られる歴史的パトリック像は勿論だが、それだけでなくムルクーやティレハンの初期伝承作や『聖パトリック伝(三部作伝記)』に描かれた伝承的パトリック像によって一つに結び合わされた民族である。パトリック研究が盛んになった19世紀前半以降、オコンネルの活躍によって、アイルランドではカトリックが勢力を強め、独立戦争を押し進めていった。その時代と平行してカトリック、プロテスタント間のパトリック研究が進められていった。この時代状況において、プロテスタント側はアイルランド民族の絆である伝統的に民族が保有するパトリック像を砕き、彼らの勢力を減少させるために、歴史的事実を追求した研究を行った。一方、カトリック側は、彼らの絆であり、彼らの原動力である伝統的に民族が保有するパトリック像を保持するために研究を行ったのである。パトリックの研究は単なる一司教の研究ではなく、カトリック・プロテスタント間、アイルランド・イギリス間の歴史を変える可能性をもった重要な研究なのである。

伝統派・反伝統派間(カトリック・プロテスタント間)のこの論争は、現在も行われており、解決されていない問題である。伝統派(カトリック)にとっては、どうしても守り抜きたいものであり、反伝統派にとっては、どうしても打ち壊したいものである、この全アイルランド民族の絆・彼らの心の支え・彼らの信仰の基盤である聖パトリック像とはいかなるものであるかを考察するのが本稿の目的である。

第1章　歴史的聖パトリック像

本章では、聖パトリック自身によって、記された『告白』より歴史的聖パトリック像を考察する。

I節　聖パトリックの生涯

本節では、歴史的聖パトリック像を考察する以前に、アイルランドにおいて一般的に理解されている聖パトリックの生涯を述べる。

この一般的聖パトリックの生涯を記述するに際し、彼が表わした2冊の書物、『告白』と『書簡』、また、『聖パトリック伝』、『聖パトリックに関する覚書』、『三部作伝記』の三伝承をも用いる。

聖パトリックは、385年ハッナベムタブルニアエ（Hannavemtaburuniae）で祭司ポティトゥス（Potitus）の息子、助祭でありデキュリオン[24]であった父カルフォルニウス（Calpornius）と母コンチェッサ（Concessa）の間に生まれた。彼の生まれたハッナベムタブルニアエは、現在まで所在が確定されず、ガリア、イギリス、ウェールズ、スコットランド等とも言われる。彼はハッナベムタブルニアエで暮らすが、16歳の時にアイルランドの海賊に捕らえられ、数千人の人々と共にアイルランドに連れ去られ、羊の番人として、小王ミルーク（Miluch）[25]に売られた。聖パトリックは、後にこの出来事を、神への不服従の結果として捉え語っている。このように祭司の家庭に生まれながら、聖パトリックは神を信じず、その教えから遠く離れて日々を送っていた。しかし、彼が「私は、アイルランドに来た後、神への愛と恐れは徐々に強くなり、私の信仰は強められた。私の心は、一日に百人の祈祷者と同じぐらいの祈りを捧げるために揺り動かされた。夜も昼と同じぐらい多くの祈りを捧げ、森や山の頂上にいるときでさえこのようにした。また、私は祈るために夜明け前に起床した。それは、雪の日々も霜が降りる日々も雨の日々も平穏な時でさえ私が行ってきたことである。」（Conf. 16）と彼が語るように、アイルランドでの苦難の奴隷生活の中で、徐々に神へと心を開くようになっていった。そして、神から離れていたこれまでの人生を悔い、一日の多くの時間を祈りに費やす生活を送るうちに、神への信仰を強めていった。

アイルランドで奴隷生活を始めて6年間経過したある夜、夢の中で彼に対して語りかけるヴィクトリクス（Vicutricus）という男の声が聞こえた。その声とは、このような声であった。「あなたはもうすぐ思い通りになり、あなたの故郷へと戻ることができるでしょう。……船があなたを待っているので、あなたはそこに行ってそれを見なさい。」(Conf. 17)。彼はその夢に促されて、6年間、奴隷として拘束されたミルークのもとから逃亡した。夢の中の声が語った船は、ミルークの館から200マイル離れた港に停泊していた。しかし、「神は私の全ての足取りを良い方向へと導いてくれたので、私は船に到着するまで、少しの不安も感じることが無かった」(Conf. 17)と、語るように、神の導きによって、彼は200マイルも離れた道のりを迷うことなく、船に辿り着くことが出来た。

聖パトリックは、出航の後、多くの苦難を受けるが、数年後にようやく家族のもとに辿り着く。彼の家族や親戚たちは、彼を昔と変わらず、暖かく迎え入れてくれた。そして、家族は、「これから常に、共にいること」(Conf. 23)を願った。しかし、パトリックはこれまでの多くの苦難の中で、聖職者として生きることを決意していた。三十歳に達したある日、霊的養成のために家族のもとを旅立つ。彼は、ブリタニアの南からガリアを通り、アルプスを越えてローマへ行くことを計画していたが、ガリアでオクセールの司教ゲルマヌス(Germanus)[26]に出会い、彼の下で霊的養成を受ける。

ガリアにおいて霊的養成を受けていたある日、聖パトリックは夢の中で再びヴィクトリクスに出会った。夢の中に現れたヴィクトリクスの手には、「アイルランドの声」と呼ばれる多数の手紙が携えられていた。聖パトリックが、その手紙を読んでいるうちに、「わたしたちは、あなたを求めている。少年よ、もう1度私たちのもとに来て、私たちの間を歩んでくれないか。」(Conf. 23) と語りかける声を聞いた。それは、アイルランドの大西洋沿岸にあるフォクルー (Fochloth) と呼ばれる森に住む人々の声であった。この後も、彼は夢の中で、再び幻覚を見る。誰かが彼に語りかけている声を彼は聞いたのである。彼は当初それが何か理解することが出来なかったが、徐々に幻覚が深まり、それがキリストの声だと理解できた。そして、キリストは彼に「私の心を与えよう、汝の中で語ったのは私である。」(Conf. 24) と告げた。聖パトリックの幻覚は更に続いていく。その時の様子を聖パトリックはこのように語っている。「再びわたしは体の中か、そばで祈っている彼を見た。……私はそのことに驚き、不思議に思い、『あれは誰だろうか』と考えた。すると、祈りの最後で、彼は『私は聖霊である』と宣言した。」(Conf. 25)。聖パトリックは、これらの神秘的な出来事に遭遇するうちに、神が異教徒への最初の宣教者として使徒パウロを選ばれた時と同じように、自分に対しても宣教の使命を課しているのだと考えた。神は「あの者は、異邦人や王たちに、……わたしの名を伝えるために、わたしが選んだ器である。」(Act9. 15) と語っているように、アイルランドに行って、神の名を知らない人々にキリストの教えを知らせることが使命だと理解した。

先に述べたように、アイルランド宣教が神から与えられた使命であると理解した聖パトリックは、直ぐにアイルランドに向かったわけではない。聖パトリックが、「わたしは老いるまで、アイルランドでの宣教を行わなかった」(Conf. 28)と語るように、多くの年月をアイルランド宣教への準備期間として過ごした。その期間、30年とする説もあれば、40年とする説もある。この何十年に渡る準備期間の後、アイルランド司教となるチャンスが彼に巡ってきた。それは、アイルランドでも広がりを見せていたペラギウス派[27]対策のために、教皇ケレスティヌス1世によって派遣された、初代アイルランド司教パラディウスが、アイルランドでの宣教に挫折して、ローマへ帰還することを決心したからであった。

その結果、イングランドかフランスにおいて、司教会議が招集され、聖パトリックが司教として適任であるか否かの論議がなされた。会議において当初、彼が司教に適任であると多くの聖職者から同意を受けていたが、幾人かの長老によって持ち出された彼の少年時代の罪に対する言及によって、それ以降この会議において多くの時間がこれに割かれる。

この罪とは、聖パトリックの『告白』に基づくと、「わたしは15歳ぐらいのある日、いや、ある1時間の間に罪を犯した。なぜなら、わたしはまだ神を信じておらず、誘惑に勝つ術を知らなかった」(Conf. 27)からである。このような少年時代に犯した「不信仰」の罪への批判はあったものの、最終的にこの会議において多くの人に司教適任者だと認められた彼は、アイルランド司教に任命された。しかし、この会議において、幾人かの長老に多くの批判を受け、「親友」だと確信していた友に裏切られ、聖パトリックは打撃と悲痛を受けたことは事実である。その時の心境を彼はこう語っている。「わたしはその日、強烈な一撃を受けた。わたしはその瞬間、失意のどん底におり、それが永遠に続くように感じられた」と。しかし、次の段階では、この出来事を神への揺ぎ無い信仰を保たせるための神の試練だと理解し、これを越えて課せられた神の使命に全うしようと432年アイルランドに向かうのである。

聖パトリックがアイルランドを訪れた当時、その地ではドルイドへの信頼と崇拝が大きかった。ドルイドとは、古くからゲール民族の中で知識階級に位置し、アイルランドのみならず同民族が居住するガリアなどにも存在した人々である。

彼らの役割は、アイルランドの年代や王の系図を綴る歴史家、自らを保護する権力者への賛歌や追悼を謳う詩人、そして法を伝えて律する法律家の三つだとされている。[28] 彼らは世俗権力と結びついて存在し、彼らによって、広められた知識はアイルランドの土壌深くに浸透していたのである。したがって、彼らにとって異邦の宗教を広めるためにやって来た聖パトリックは、憎むべき存在であった。聖パトリックが、「生命を脅かす12の危険があった。」(Conf. 35)「わたしは日々、殺害や欺瞞、監禁など何でもわたしに起こりうるように思われた。」(Conf. 55) と語るように、アイルランドでの彼の宣教は、常にドルイドからの危険にさらされる状況にあった。しかし、彼はその状況にも臆することなく、神より与えられた宣教の使命を全うするために、北部中部を中心に宣教活動を続け、アーマー(Armagh)にアイルランド教会を創立し、アイルランドの人々の根底にキリスト教を浸透させることに成功した。その際、彼は従来のドルイドに対する尊敬すべてを否定・排除することなく、キリスト教教義に反するドルイド崇拝などを改めさせ、それ以外の多くの習俗、儀礼をキリスト教と結びつけた。このように、彼はアイルランドの状況に合わせて教会組織を整備し、修道生活を奨励したのである。その結果、アイルランドにおけるキリスト教は独自なものとなっていった。そしてアーマーにアイルランド教会が創立された直ぐ後の461年に、彼はこの世を去る。

Ⅱ節　歴史的聖パトリック像──聖パトリックの持つ二つの側面──

『告白』より理解することの出来る、歴史的聖パトリック像は、二つの側面を持っている。本節では、歴史的パトリック像の持つこの二つの側面を『告白』より考察する。

①　人間的弱さ

聖パトリックは、彼が司教職に適任か否かが論議された会議において、彼の「少年時代の罪」を批判された際、また司教時代に教会内部より彼に対して司教職としての適正に関して批判された際、その批判に対して、弁明することなく沈黙を続けた。それは、彼が「教養ある人々に私が告げたい最も深い意味を理解してもらうために、鋭敏な言葉を用いて、たくさんの言葉を吐き出して説明することは出来ない。」(Conf. 10)[29]と語るように、彼には高い教養を持つ、聖職者を相手にして、彼らと論議しあえるほどの能力を持ち合わせていなかったからである。彼は、基礎的学問・知識をより多く吸収するのに適した時期である16歳から22歳までの6年間を、アイルランドで、奴隷となっていたために、勉学の機会を失っていた。しかし、奴隷生活から逃亡した後に、神によって与えられた使命を全うするために、何十年もの期間、司教となるための勉学に励んだ。しかし、それでも、彼は幼少時代から言語・法律・聖書などの勉学に懸命に励んできた聖職者たちと対等に、自信をもって論議するだけの学識を得ることは出来なかった。そのために、彼への批判に対して、「私は長い間、書き表わすことを考えていた。しかし、〔他方〕私は今までためらっていた。というのは、わたしは人々の批判の前に自分自身をさらすのを恐れていたからである。なぜなら、法律や聖書に熟知し、幼少より言語を完全に習得した人々のように、私は学んでいないからである。」(Conf. 9)[30]と語っている。この『告白』が表わすように、聖パトリックは弁明書を記したいと願っていたが、聖職者の前に自分自身の無知をさらすことを恐れ・恥じ、その都度、弁明をすることが出来なかった。そのことによって彼への蔑みや批判はますます強くなっていった。聖パトリックは、「死ぬ直前」(Conf. 62)[31]に、批判に答える決心をし(Conf. 11)、『告白』を記すことになる。しかし、この段階においても、彼が「今でも私は、学んできたことが明らかにされるのを最も恥じ、恐れる。」(Conf. 10)[32]と語るように、彼は自分自身の学識への劣等感を完全には克服出来ていない。聖パトリックは、聖職者としての一般的学識を獲得した人々に囲まれた環境の中で、学びが足らないという劣等感に、生涯苦しみ続ける弱さを持つ存在なのである。

② 信仰的強さ

聖パトリックの宣教活動は、その当時ローマ・カトリック教会から派遣された司教たちの行っていた宣教方法とは大きく異なっていた。そのため、彼は先に述べた司教職適正かとの批判だけでなく、彼の宣教活動に対しても多くの批判を受けていた。この批判は、先述した彼の弱さが要因となっているわけではなく、彼の持つもう一つの側面、強さが要因となっている。彼は『告白』において、司教職適正批判だけでなく、この宣教活動への批判にも答えている。『告白』の中における、宣教活動への批判に対する聖パトリックの弁明を見ると、彼に対して二つの批判が成されていたことが理解できる。その二つとは、以下の通りである。①危険を冒してまで、神を知らない人々に伝道を行おうとする態度への批判。②信仰者からの寄付を拒否する宣教方針への批判。

第一の批判は、『告白』46章に見ることが出来る。この章で、聖パトリックは、「多くの人々が私の宣教を妨げようとする。そして、彼らは私の背後で、『なぜあの人は、神の知識の無い敵の中の危険へと身を投じるのか』と批判する。」(Conf. 46)[33]と記している。当時の血縁的家族共同体を基盤とするアイルランドの氏族制社会において、各氏族の領域を超えて活動することは、非常に困難なことであった。そのような状況において、ローマ・カトリック教会よりアイルランド司教に託された任務は、既にキリスト教信者となっているアイルランド人の信仰の維持と反ペラギウス対策であった。しかし、彼はこの批判に臆することなく、自らの宣教活動を語る。「私は神の利益のために、アイルランド全土を巡りました。そして、全ての地域で、身に危険を感じるような脅しを受けました。しかし、私は以前どんな聖職者も行ったことの無い、もっとも遠く離れた地域さえ行きました。そして、そこに住んでいる人々に洗礼を授けることができ、祭司に任命することができ、彼らの信仰を強めることが出来たのです」(Conf. 51)[34]。「私は不信仰者からの侮辱に耐え、私の宣教活動に対する批判を聞き、また多くの迫害に耐えてきた。拘束さえされたのである。」[35]「私はためらい無しに、喜んで神の名に対して、神が与えてくださった私の生命さえも与える準備が出来ている」(共にConf. 37)[36]。「私たちは、〔信仰の〕証をしてきました。ですから、誰も行ったことの無い場所にも福音を伝えることが出来たのです」(Conf. 34)[37]。

これらから理解できる聖パトリックの行動は、彼の宣教がローマ・カトリック教会から与えられた任務を超えていることが理解できる。彼の宣教活動とは、既にキリスト者になっている人々へというよりも、迫害や侮辱、生命の危機に耐えぬいて全アイルランドの非キリスト教徒に、神の名を伝え、キリストの教えを説くことに重きを置くものであった。

次に、第二の批判であるが、この要因となる宣教方針は、『告白』49章に見ることができる。ここには、次のような内容が記されている。「キリストにおける兄弟たち、キリストにおける処女たち、それと同じぐらい神聖な女性たち、彼らは絶えず私に小さな贈り物をしつづけてくれる。彼らは装身具やそれに類するものさえも祭壇の上に差し出した。しかし、私はその度、それらを返してきた」(Conf. 49)[38]と。この宣教姿勢に対して、第二の批判がなされるのだが、この批判に対して聖パトリックは、「私の不正行為を口実に、私が攻撃の的になり、私の司教職が汚されないように、また信仰の無い者に、批判や侮辱の機会を与えないように、私は自分自身を律している」(Conf. 49)[39]のだと弁明している。しかし、彼の寄付を断る方針は、聖職売買をしているのでは無いかという疑問の要因ともなる。なぜなら、教会にとって寄付というものは、宣教活動を維持させる資金源となっていたため、それを受け取らない彼は、聖職を授ける時に金品を受け取っていると疑問視されたからである。このような疑問に対して、彼はこのように反論している。「私は多くの、何千もの魂に、洗礼を授ける時に、ただの一文でも彼らから貰っていたなら、私に教えて欲しい。そうすれば、私はあなた方にそれを返すでしょう。また、微力な私の努力を通して、祭司に任命する時、聖職を与える時、片方の靴でも要求しただろうか。もしそうであるのなら、私に教えて欲しい。そうすれば、私はあなた方にそれを返すでしょう」(conf. 50)[40]。そして、彼は聖職売買をしているどころか、宣教活動がスムーズに行えるように、以下のように金品を与えていたことを述べる。「私はアイルランドの人々が、私を受け入れるために、主のためにお金を使う。」(Conf.51)[41]、「私はアイルランドの王たちに贈り物を持っていった。それに加えて、私に同伴して旅した王の子供たちに報酬を与えた」(Conf. 52)[42]。「私は訪れた全ての地域で、法を管理する人々に、どれくらいのお金を支払ったか、あなた方は自分自身の経験から知るでしょう。私自身が見積もると、私は彼らに男の奴隷十五人の価格に勝るとも劣らない額を払った。」(Conf. 53)[43]と。

これらの言及から、理解することの出来る聖パトリックの宣教活動は、非キリスト教徒からの批判の火種になりやすい、信徒からの寄付をいっさい受け取らないものであり、また、支配階級に金品を与えることによって、彼らにキリスト教伝道を認めさせ、彼らを通して全アイルランドにキリスト教の影響力を与えるものであった。聖パトリックのこの方針は、理にかなっている。なぜなら、当時のアイルランドでは、古くからの習慣法[44]によって、賠償制度を価値基準（全ての物事を金品で解決する）とする社会制度が成り立っていたからである。聖パトリックの用いたこの方法は、急速にアイルランドにキリスト教を広めさせた要因の一つではないだろうか。

先に述べた二つの批判より、聖パトリックの宣教活動が、どのようなものであったか理解することが出来た。この宣教活動には、批判や蔑みにさらされていても、また、どんな危険な状況におかれていても、それに屈すること無く、神から与えられた彼の使命を全うする彼の強さが現れている。聖パトリックは先述したように、弱さを持つだけでなく、宣教活動に現れる強さをも兼ね備える存在なのである。

③　弱さと強さを兼ね備える聖パトリック

それでは、自分自身の無学に生涯苦しみ続ける弱者である聖パトリックが、いかにして強さをも兼ね備えたのであろうか。弱者聖パトリックは、夢体験の出来事を境にして、強者聖パトリックになったわけではない。弱者聖パトリックは、その出来事を境にして、弱さだけでなく強さをも兼ね備えるようになったのである。この弱さから強さを勝ち取る段階は、プロティノス (Plotinos)[45] によって主張され、後に偽ディオニシウス (Pseudo- Dionysius) によってまとめ上げられた文書[46]に見られる「浄化・照明・合一の三道」にもあてはまる。これは、人間が霊的生活の中で、どのような段階を踏まえて最終的に神と合一するのかを述べたものである。（人間はこの世の欲を完全に捨て去ることによって罪が清められ〈浄化〉、罪が清められたことにより神の呼びかけを理解できるようになる〈照明〉。そして、それにより、自らの全てを神に委ねる事ができる。〈合一〉）

聖パトリックは、「神に背反し、神の命令に従わず、祭司にも従わなかった」(Conf. 1)[47]少年時代の自分自身の姿を、「深い泥の中で、転がっている石ころ」(Conf. 12)[48]に例えている。このように、神から離れ、深い泥の中でさまよっていた彼に、神は奴隷生活を通して、誤りを悟らせ、彼は次第に深い信仰を持つようになる（浄化）。

そして、その後、彼は夢の中で、キリストや聖霊（ヴィクトリクス）に導かれ、強められ（照明）、奴隷生活から逃亡し、霊的養成を行い、「アイルランド司教として、非キリスト者にキリストの教えを説く」という使命を課せられ、司教としてアイルランドに向かう。その時の状況を、彼は「神は、力強く現れ、慈悲において私を［泥の中から］持ち上げ、上へと押し上げ、壁の頂上に私を置いた。」(Conf. 12)[49]と語っている。聖パトリックは、誤りを気付かせ、神のもとに立ち返らせ、罪びとであり弱者である彼に重大な仕事を与えてくださった神に心から感謝し、与えられた使命に全うする決心をした。

しかし、彼は自分自身が弱者であることを、深く痛感しているために、宣教活動に自信が持てなかった。その時、夢の中でキリストは彼に「私の心を汝に与える。汝の中で語ったのは私である。」(Conf. 24)[50]と語られ、聖霊は使徒たちが言っていた「霊も弱い私たちを助けてくださいます。私たちはどう祈るべきか知りませんが、霊自らが、言葉に表わせないうめきをもって執り成してくださるからです。」(Conf. 25, Romans 8: 26)[51]という言葉を彼に思い出させた(照明)。聖パトリックは、このキリストや聖霊から与えられた言葉を生涯保有し続けるのである。この言葉によって、その後、彼は土の器である自分の中で、神(キリスト・聖霊)が語り、助け、励ましてくれると、考えるようになった(合一)。そのことにより、自分自身の弱さを痛感した時には、彼は全てを神に委ねることが出来るようになり、批判や生命の危機に屈することなく宣教活動に邁進する強さを手に入れることが出来た。この強さは弱さの上に立った強さ、神に委ねきった強さである。つまり、彼は人一倍、自分自身の弱さを知っていたからこそ、そこから生じた「強さ」は測りがたいほど、強固なものとなった。ヘブライ人への手紙11・34に記されているように、「弱かったのに強い者とされ」たのである。したがって、歴史的聖パトリック像とは、自分自身の劣等感に生涯苦しみ続ける弱者であるとともに、その弱者である自分自身を神に委ねることによって「強い者」ともなったのである。

第2章　歴史的聖パトリック像から伝承的聖パトリック像へ

『告白』に記された歴史的聖パトリック像は、多くの人々の心を揺り動かし、彼の宣教姿勢は多くのアイルランド教会の後継者たちに受け継がれた。そのことにより、アイルランド教会は独自性を保有するようになる。この独自性は、7世紀イングランド宣教の際に、はじめてローマ・カトリック教会と出会うことによって、他教会に認識される。そのことによって、アイルランド教会の保有するこの独自性は、他教会からの批判の的となり、アイルランド教会内部では、独自性を守り通そうとする「伝統派」と独自性を排除しようとした「反伝統派」に分かれて、1世紀にも及ぶ「復活日論争」が起こる。この論争によって、アイルランド教会の保有する独自性は変容され、それに伴い聖パトリックの伝承が記されることによって、その独自性をもたらした原因である歴史的聖パトリック像にもまた変容が加えられる。本章では、この歴史的聖パトリック像がもたらしたアイルランド教会の独自性、伝承的聖パトリック像が形成されるまでの時代状況、伝承的聖パトリック像を生み出す三伝承について述べる。

Ⅰ節　アイルランド教会の独自性（歴史的パトリック像の影響）

①　復活祭の日付について

初代教会以来、復活祭（イエス・キリストの復活を祝う）は、キリスト教会の内で重要な位置をしめてきた。しかし、その日付はキリスト教の宣教範囲が余りにも広がりすぎたことや、各地域で復活祭がまちまちに祝されるようになったことから統一されにくくなった。しかし、ローマ帝国によるキリスト教迫害後の4世紀、教会確立期になると、復活祭の日付統一は重要性を増していった。アルルのガリア教会会議(Councils of Galia)(314)では、全世界の教会がローマ・カトリック教会の支持に従って、同一日付に復活祭を祝うこと決定する。[52] ニカイア公会議(Councils of Nicaea)(325)では、ローマ・カトリック教会は、復活祭を春分後最初に来る満月の次の日曜日と規定するアレクサンドリア方式(Alexandria)を採用する。[53] だが、この決定後も論議は続き、6世紀にゲルマン民族の攻撃によって教会間の統制が困難になると、復活祭の日付は各地域においてかなりの相違を見せた。この当時、西方教会[54]のグレゴリウス1世は、532年から626年までの復活祭祝日を算出することによって、そこから復活祭日を規定するディオニシウス・アレクサンドリア方式（Dionysius Alexandria）[55]を採用し、ガリア教会は28年から559年までの復活祭祝日を算出することによって、そこから復活祭日を規定するヴィクトリウス・ラテン方式（Victorius Latin）[56]を採用していた。[57]しかし、6世紀末から7世紀にかけてグレゴリウス1世が普遍的世界教会の実現という理念を表明したため、西方教会は、ディオニシウス・アレクサンドリア方式とヴィクトリウス・ラテン方式の二方式によって、復活祭の日付を同一の日付に決定し、全教会にそれに従うように強制した。しかし、アイルランド教会はその決定に従わず、独自の方式をもって復活祭を実施していた。[58]

② 司教兼修道委員長制・司教裁治権

6世紀において西方教会では、既に司教制度と修道院制度は分離しており、教皇によって任命された司教の下に全ての教会や修道院が置かれる構造を取っていた。それに対して、アイルランド教会も当初（440―543年）は、氏族領域ごとに配置した司教制度が成り立っていた。しかし、543年以降になると、アイルランド教会の教会制度は急激に変化する。司教に代わって修道委員長が多数を占めることによって、修道委員長が司教以上の力を握るようになり、約三百に及ぶ修道院共同体がそれぞれ異なる制度と独立した裁治権を有するようになる。更に、599年以降になると修道院共同体の数は千を超え、大修道院共同体に統合される。そして、大修道院共同体委員長が司教職を兼ね、司教としての裁治権を行使する制度が成り立つ。[59]

③ 剃髪の形式と司教叙階の方式

はじめに剃髪の形式について述べる。ローマ・カトリック教会の形式は、後頭部を円形に剃髪するものであった。それに対して、アイルランド教会形式は、ドルイドの剃髪を参考にしたものであり、頭部の剃髪と後部を長髪に垂らすものであった。[60]

次に司教叙階の方式について述べる。二カイア公会議では、司教叙階は三人の司教によって行われることに決定していた[61]が、アイルランド教会ではただ一人の修道委員長を兼ねる司教によって司教叙階が実施されていた。[62]

④ 独自性についての考察

アイルランド教会に独自性が備わった理由を、以下のように考える。第一に、アイルランド教会員が、歴史的聖パトリック像（信仰的強さ）を見習って教会制度を構築したこと。第二にアイルランドという国家が、血縁的家族共同体を基盤とする氏族制度によってなりたっていたこと。

アイルランド教会において、聖パトリック時代から現在に至るまで、聖パトリックが最高の指導者である。聖パトリックの後継者たちは、告白における聖パトリックの宣教姿勢、つまり、どんな迫害にも怯むことなく、自らの使命とアイルランド人の救いのために全精力を注ぐ姿に心動かされ、聖パトリックの宣教姿勢を受け継いで、教会制度を構築していった。そのため、アイルランドの修道院運動創始者クロムナード(Clonard, Co. Meath)のフィニアン(Finian)[63]の著書『贖罪規定所』(Penitialis Vinniani)[64]に見られるように、アイルランド教会では、「巡礼」と「殉教」が重要視され、聖パトリックの後継者たちもまた、危険を顧みず神の名を知らない人々に、キリストの教えを伝えることを使命とした。

彼らは宣教活動を行った地に修道院を建てて、地域住民の信仰や教育の育成に励んだ。そしてその育成によって、後継者を生むようになると、新たに神の名を知らない人々を求めて、巡礼の旅を続けたのである。[65]その結果、アイルランドのあらゆる地域に、多くの修道院が創設された。その数は、司教下の教会を上回った。また、アイルランドという国家は、ゲール人が移住してきたB.C.1世紀以来、血縁的家族共同体を基盤とする氏族制度によって成り立っていた。このように血縁的関係と家父長的支配が強いアイルランドの社会制度は、修道委員長を長とする修道院共同体の理念と類似しており、修道院制度が重んじられた。

このようにアイルランドおいて、数的に修道院が教会を上回り、またアイルランドの社会制度に適合するということで修道院制度が司教制度よりも重んじられたことによって、アイルランド教会は司教制度ではなく独自の修道院制度によって組織される。そして、そのことによって修道院は教会以上の力を身に付け、その長である修道委員長は司教をも兼任し、司教としての裁治権を行使する独自の形式が成り立ったのである。

また、アイルランド教会の宣教師たちは、宣教活動の際に聖パトリックが行った[66]ように、ドルイドの規定によって成り立ったアイルランドの価値基準に合わせて宣教活動を行った。その結果、アイルランドにはドルイドという価値基準に融合したキリスト教が広まり、独自の復活祭の日付や剃髪の形式を生み出したのである。

Ⅱ節　伝承形成に至る原因と時代状況

前節で述べたアイルランド教会が保有する独自性は、ローマ・カトリック教会と出会うことによって、批判の対象となり、このことによって「復活日論争」が起こる。またそれに伴い、聖パトリックの伝記が編纂され、独自性をもたらした原因である歴史的聖パトリック像にも変容が加えられる。本節では、三伝承が形成されるまでの時代状況・伝承作品の特質と目的を述べ、その後、考察を加えたい。

①「復活日論争」至るまでの時代状況

キリスト教は3世紀、ローマ帝国の支配下にイングランドが置かれることにより、当時イングランドに居住していたフランク人の間に広がっていった。しかし、5世紀前半から西ローマ帝国（395年ローマ帝国は二分）が、西ゴート族の侵入によって、首都ローマが脅かされはじめたため、そのころからイングランドは西ローマ帝国の援助を失い、次第に無防備・無政府状態に陥っていった。その結果、イングランドは西ゴート族と同じゲルマン民族の一派アングロ・サクソン人の移住を防ぐことが出来ず、イングランドは次第にフランク人に代わってアングロ・サクソン人が治めるようになる。アングロ・サクソン人は、元来ゲルマンの神々を信仰する異教徒であったため、キリスト教はローマ文化と共に一時イングランドより一掃される。このイングランドにおけるキリスト教壊滅期（6世紀）に、この地でキリスト教復興の基礎作りを行ったのが、聖パトリックの思想・姿勢を受け継ぐアイルランドの宣教師たちであった。この宣教師たちの活動によって、イングランドにも徐々に修道院制を中心とするアイルランド独自のキリスト教が広がりを見せていった。

この時期（596年）、ローマ・カトリック教会も再びイングランド宣教に着手し、アングロ・サクソン人のキリスト教強化政策を進める。この政策は、教皇グレゴリウス1世[67]の普遍的世界教会の実現を行う上でのローマ教会の宣教使命及び全教会に対する教皇首位権の理念の具現化であった。教皇グレゴリウス1世は、アウグスティヌス[68]をイングランドに派遣し、彼は王妃がキリスト教徒であったケント王国[69]へ赴き、王より布教許可を得て、首都カンタベリーに留まって人民を教化した。そして、後には王エセルベルト[70]をも改宗させ、洗礼を授けた。601年、教皇グレゴリウス1世は、アウグスティヌスを大司教に任命し、カンタベリーに首位司教座を創設させ、イングランド教会の組織化に努めさせた。その後も、ローマ・カトリック教会は、全イングランドで宣教活動を進めていった。しかし、唯一その時に妨げとなったのが、彼らよりも先にイングランドキリスト教復興を目指したアイルランド教会の存在であった。

ローマ帝国領地外にあり、ローマ・カトリック教会と接することが余り無かったアイルランド教会は、ローマ・カトリック教会に属するにも関わらず、前節で述べたように歴史的聖パトリック像を受け継いで独自の発展を遂げてきた。しかし、上記のように、ローマ・カトリック教会と直に接することによって、その独自性は初めて他のローマ・カトリック系の教会に認識された。そしてその独自性は教皇グレゴリウス1世の政策に反するものだとされ、多くの批判（教会規則、典礼、制度に対する批判）を受けることになった。この批判に対して、アイルランド教会やスコットランドやイングランド北部のアイルランド教会系の共同体は、多くの反論を行った。この論争はその後、アイルランド教会内部のローマ派と伝統派の対立へと展開し、アイルランド教会は二派に別れて復活祭の日付、剃髪の形式、司教兼修道委員長制、司教裁治権などの諸問題について約一世紀の間、論争を繰り返した。この論争は、「復活日論争」(Paschal Controversy)と呼ばれている。

② 伝承形成に至るまでの時代状況と二つの初期伝承作品

先述したアイルランド教会の保有する独自性は、「全世界の教会の統一」を目指すグレゴリウス1世や彼の政策を受け継ぐ後の教皇たちにとっては、許すことのできるものではなかった。そのため、アイルランド教会は、教皇たちやローマ・カトリック系の他教会から多くの批判をあびる。そのことによって、アイルランド教会内部では、アイルランド教会の独自性を守り通そうとする「伝統派」とローマ・カトリック教会の方式に統一しようとする「ローマ統一派」の二派に分かれて、一世紀にも及ぶ「復活祭論争」が起こる。この論争は、当初より「ローマ統一派」が優位であった。なぜなら、多くのアイルランド教会に属する人々は、アイルランド教会が他国のローマ・カトリック教会から孤立することを恐れたからである。[72] 彼らはローマ・カトリック教会と出会い、自らの教会が保有する独自性を理解すると共に、アイルランド教会はローマ教皇のもとにおけるカトリック教会の一員だということをも再認識したのである。

そして当初から「ローマ統一派」を支持する人々が多かったアイルランドの南部教会が632年、逸早く「ローマ方式」を受け入れる。また、664年にはイングランド宣教の中心地ノーサンブリア王国が、ホイットビー教会会議（Synod of Whitby）[73]を開催し、この会議でイングランドのアイルランド系教会は「ローマ方式」を採用するとした。しかし、歴史的聖パトリック像を受け継いだ初期宣教師によって創設された北部教会やアイオナ共同体は、アイルランド独自の伝統的信仰を保有し、「伝統派」を支持して、頑なにアイルランド教会独自の形式を守り通そうとした。

このようなアイルランド教会混乱期（7世紀後半）に、聖パトリックのことを記述した最初の伝承『聖パトリック伝』(Vita S. Patricii)と『聖パトリックに関する覚え書き』(Memoranda)が記される。アイルランド教会員たちは、歴史的聖パトリック像が、この混乱を生み出したにも関わらず、彼らは、この混乱の安定を聖パトリックに託すのである。これら二伝承では、『告白』や『書簡』に欠如している年代、場所、人物、宣教範囲やその背景等が付け加えられている。しかし、これらはアイルランド教会内の口頭伝承やアイルランド各地に残る民間伝承に依拠しているため史実の上で全面的に信頼出来るものでもない。

次にこれら二伝承についての特質と目的を述べる。

『聖パトリック伝』(Vita S. Patricii)は、スレティーの司教エー（Aedh）[74]の依頼を受けたアーマー教会の聖職者ムルクーによって書き記される（680年）。この伝承は、『告白』に即して記され、『告白』に欠ける年代、場所、人物、宣教範囲、宣教に至るまでの背景をアイルランド教会内やアイルランド各地に残る口頭伝承を利用し具体性を持たせている。しかし、彼自身が「私は伝統的伝承形成の知識の浅い者であるので、この伝承（＝聖パトリック伝）は、不確かな典拠や記憶、脆弱な形体のもの」<Vita. Preface.(3)>[75]であり、「皆が納得するような一連の出来事として記すことが出来なかった。」<Vita. Preface.(1)>[76]と認めるように、ここに示されることは史実的に確かなものであると断言することは出来ない。

『聖パトリック伝』は、北部教会やアイオナ共同体等のような「伝統派」に立つ人々に、「ローマ統一派」の意見を受け入れさせ、アイルランド教会、共同体全体がローマ方式を受け入れることを目的とするものである。そのため、この伝承においては、『告白』や『書簡』の中では明らかとされていない聖パトリックとローマ・カトリック教会の関係が明確に示されている。他方、アイルランドにおける修道院制度から司教制度の転換を目論むローマ・カトリック教会は、聖パトリックによって創設されたと伝えられるアーマー教会に、首位司教座の権限を与えた（七世紀後半）。[77]それによって、アーマー教会の聖職者であったムルクーは、アーマー教会がローマ・カトリック教会より与えられた首位司教座の権限を全アイルランドに承認させ、また、全アイルランド教会は聖パトリックから権威を与えられたとされる首位司教座、アーマー教会の下にあることをも了承させようとしたのである。そのことにより、彼はアイルランド教会を一体化させ、またローマ方式に適する司教制度に変革し、ローマ・カトリック教会からの孤立を防ごうと考えたのである。

ムルクーと同時期か、少し遅れて（680年？／700年？）表わされた『聖パトリックに関する覚え書き』(Memoranda) は、アードブラカン (Ardbraccan, Co. Meath) の司教ティレハンによって記される。この書物は、ティレハン自身が「私は司教ウルタンや先輩たちが私に助言してくれたことをもとにしてこの伝承を綴っている。」<Memoranda 18.(1)>[78]と記すように、先代司教ウルタン (Ultan Moccu Conchubair, 657年没) を始め、多くの先輩たちから直接聞いた伝承、アイルランド各地で得た伝承をもとにしたものである。

この伝承において、ティレハンは聖パトリックの宣教活動に重点を置いており、聖パトリックの宣教行程を伝承の中で辿っている。つまり、『聖パトリックに関する覚え書き』は、聖パトリックの「宣教行伝」という正確を持っているのである。その際、彼は出身地であるアイルランド西部のコナハト (Connacht) 地方に焦点を当てており、この地方での聖パトリックの宣教行程を詳細に描写する。この伝承が記された当時、アイルランド教会とアイルランドの北部・西部を支配していたイ・ニール一族[79]等の世俗権力との間で、領地争いが起こっていた。[80]そのような状況下での、ティレハンの伝承形成目的は、この伝承の文頭に見ることが出来る。ここにおいて、ティレハンは「私はアイルランドの聖パトリックに見捨てられた人々や、大盗賊、戦争に明け暮れる君主たちが、聖パトリックの領土権を認めないことを知っている。なぜなら、彼らはかつて聖パトリックの所有していた領土を奪ったために、彼を恐れている。というのは、もし聖パトリックの後継者たちが、聖パトリックの領土を調査したのなら、この島のほとんど全てに対して聖パトリックの支配権が裏付けられるからである。なぜなら、神は天使たちを通してこの島の全ての人々と共にこの島全域を彼に与えたからである。」<Memoranda.18.(2)-(3)>[81]と綴っている。このことからも理解できるように、ティレハンのこの伝承は、世俗権力に対して聖パトリックの全アイルランドにおける権威を打ち立てることによって、彼に基づくアイルランド教会（特にアーマー教会）の領地や権限の拡大を目指すものであった。また、この伝承も復活祭論争の最中に記されたものであり、ムルクーと同じくローマ・カトリック教会と聖パトリックの関係が記されており、全アイルランド教会がローマ方式に転換することも目的とされている。

③　初期伝承形成後の状況と新たなる伝承形成

先述した二伝承やヨーク（York）の初代大司教エグバード(Ecgberht)[82]の説得によって、

696年に北部教会が、716年にはアイオナ共同体が相次いで「ローマ方式」を受け入れ、約1世紀続いた「復活祭論争」は終焉を迎える。これによって、全アイルランド教会は、復活祭の日付、剃髪、司教の叙階をローマ方式によって行うようになる。しかし、修道院制にもとづく教会制度だけは形を変えて継続される。「ローマ方式」導入や二伝承によってアーマー教会の首位性は、八世紀までにはアイルランドのほとんどの教会に認められ、それらの教会に対して首位司教座の権威を持って裁治権を行使していた。しかし、それと同時にアイルランドでは、依然として大修道院が強い影響力を持ち、修道院制は継続・発展していくのである。このことは、アーマー教会の権威が、復活祭論争時にローマ・カトリック教会から権限を与えられたことと同時に、アイルランドにおいて強大な力を握っている大修道院からも支持されたものであったからである。これによって、アイルランドの教会制度は、修道院制と司教制の二重構造によって組織されるのである。

このようにローマ・カトリック教会やアイルランドの大部分の教会から首位司教座としての権威を与えられたアーマー教会は安定期を迎える。しかし、アーマー教会は首位司教座として大きな権力を得ることが出来たが、他方、多くのアイルランド教会は依然として、アーマー教会と同程度の権力を握る修道院の影響下（＝二重構造）にも置かれていた。彼らは修道院がアーマー教会以上の権力を握り、再びアイルランド教会が修道院制からなり、ローマ・カトリック教会からの孤立の危機に立つことを防ぐために新たなる伝承を作成する。そしてアーマー教会は更なる権威の拡大を目指すのである。また、それだけで無くこの伝承では、将来に対する様々な願いを聖パトリックに託している。この伝承もまた多くを民間伝承に依拠しているため、史実的に確かだと言い切ることは出来ない。

先述した二書が記された百年ほど後（800年ごろ）に、先述した二つの初期伝承を基礎にし、そこにより多くの民間伝承を組み入れた『聖パトリック伝』(Betha Phatraic) が記される。この伝承は、三部に別れて構成されているため、『三部作伝記』(Tripartite Life of Patrick) とも呼ばれ、この形式と内容から判断して聖パトリックの命日の三月十七日とその前後の十六日と十八日の三日間の祝日に説教として用いられたと考えられている。[83]

この伝承の文頭に、「異邦人は真実の光、つまりイエス・キリストとその使徒が現れるまで無知の暗闇の中に住み、偶像や想像物を崇拝していた。というのは、イエス・キリストが異邦人に光を注ぐために、ご自分の輝きを世界の四方に撒き散らすまでは、大いなる暗闇と薄暗さが根ざしていたからである。今、世界の西の果てに輝き、炎、きらめく宝石、そして灯火、正義の太陽（イエス・キリスト）の一つの輝きが送られた。それは、聖なる司教パトリキウス、世界の西の果ての大司教、アイルランドの人々の洗礼と信仰の父である聖パトリックである。[84]」と記されているように、この伝承において、聖パトリックはキリストより神の救済計画を任せられた人物だと全アイルランド人に対して強調される。この伝承では、司教となる以前の聖パトリックの人生は、ほとんど記されておらず、伝承の大部分は、アイルランドにおけるキリストの「救済計画」を委ねられた聖パトリックが、どのようにして宣教活動を行い、どのような成果を上げたかが語られる。その際、この伝承では、あたかも口頭によって伝えられているかのように、聞き手の関心を引く表現が多く使われている。このような内容から、この伝承が一般の人々を対象にして記されたものである。7世紀に記された初期伝承によって、聖パトリックはアイルランド教会内部だけでなく、多くの世俗の人々の崇拝の対象となった。この伝承では、『告白』や『書簡』に欠けている時・場所・人物と聖パトリックを具体的に関わらせることによって、また全アイルランド人への救済計画を語り、全アイルランド人の未来を聖パトリックに託すことによって、民族の心をつかみ、彼らの心の内に深く聖パトリックを植え込むことを目的としたものだと考えられる。そして、そのことによって、聖パトリックの権威を受け継ぐアーマー教会は、民衆からの絶大な崇拝対象となり、更なる権威の拡大を図るのである。

④ 三伝承に対する考察

先述した三伝承は、それぞれ異なった対象に対して記されたものである。つまり、ムルクーの伝承は、アイルランドの他教会に対するものであり、ティレハンは世俗権力に対する物であり、三部作伝記は一般民衆に対するものである。しかし、これらの三伝承は、対象は異なるが、それぞれ異なった対象に対して、全アイルランド教会の創設者、聖パトリックの遺産を彼の聖性と活動の中に示すことによって、聖パトリックの権威を受け継いだとされるアーマー教会の裁治権の首位性を位置付けようとしている。そしてそうすることによって、混乱期の安定を目指し、将来への不安を拭い去ろうとする目的を持っているのである。

第3章　伝承的聖パトリック像

三伝承の中では、『告白』に示される聖パトリックの持つ「弱さ」は、全く打ち消されている。このことは、彼の持つ弱さが三伝承共通の目的を達成する上で、不都合なものであったために消去されたのではないだろうか。それだけでなく、7世紀の初期伝承形成に至るまで、人間的弱さを保有しながらも、信仰的強さでそれに打ち勝ち、アイルランド改宗に尽くした「歴史的聖パトリック像」は、多くのアイルランドの教会員から共感を受け、人々の心を揺り動かした。そのように、アイルランド教会員たちにとって、聖パトリックが重要な存在になり、彼に対して混乱期の安定と未来への願いを託したからこそ、三伝承の中で、聖パトリックは、微塵も弱さを見せず、どんな時にも力強く、あたかも不可能なことの無いような神々しい存在として美化される。つまり、三伝承における聖パトリック像は、表面上に見えるもの（歴史的聖パトリック像）ではなく、アイルランド教会員たちの心の奥底にある聖パトリックに対する願いなのである。本章においては、伝承形成の目的が集約された「司教となる以前の聖パトリック」、「世俗権力との関わり」、「神との約束（聖パトリックによる罪の贖い）」の三項目に焦点を当てて、伝承的聖パトリック像を考察する。

Ⅰ節　司教となる以前の聖パトリック
―高度な学識を保有する聖パトリック―

ムルクーの『聖パトリック伝』において、聖パトリックの霊的養成の地と司教職就任の背景を以下のように述べている。23歳の時に聖パトリックは奴隷生活の地アイルランドから逃亡する。そして多くの苦難の後にブリタニアの家族のもとに戻る。しばらくの間、家族と共に生活するが、聖霊ヴィクトリクスに促されて、聖パトリックはキリストと同じく30歳近くに達した頃、「全世界の全教会の支配者である神（キリスト）や、使徒たちの見たことに名誉を与えるために、神の知恵・神秘的教義を学び・理解し・訓練して、祈り、ローマ帝国を超えて神の慈悲が行き渡り、キリストにおいて人々が改宗するために」<Vita. I 5. (2)>[85]家族のもとを離れて、霊的生活に入る。

彼はまず「ブリタニアの南から海を越え、そしてガリアを通っていた」<Vita. I 6. (1)>[86]。その時、彼は「アルプス山脈を越えて、ローマに辿り着きたいという熱烈な願い」<Vita. I 6 (5).(1)>[87]を持っていた。しかし、その旅路の途中で「信仰と学問において高名な聖なる男、オクセールの司教、全ガリアの指導者、大祭司ゲルマヌス」<Vita. I 6(5).(1)>[88]に出会い、彼のもとで霊的養成を受けることを決意する。そして彼はゲルマヌスのもとで、「忍耐強く、従順な姿勢」<Vita. I 6(5).(2)>[89]で、「愛、実践的知識、学問、純潔、精神と魂の善の性質」<Vita. I 6(5).(2)>[90]を学んだ。

聖パトリックは、ゲルマヌスのもとで、かなりの多くの期間を霊的養成の期間として過ごした。その期間を「ある者は40年と言い、他の者は30年と言う」<Vita. I 7(6)>[91]。そして40年、あるいは30年、ゲルマヌスのもとで過ごしたある日、聖パトリックは、幻覚の中で聖霊ヴィクトリクスから「フォクルーの森の息子たちや娘たちがあなたを呼んでいます……」<Vita. I 7(6).>[92]というアイルランド宣教の示唆を与えられる。この聖霊ヴィクトリクスの言葉によって、聖パトリックはアイルランド宣教を決意する。そしてゲルマヌスは、聖パトリックがまだ司教職を得ていなかったために、証人として先輩であるセギティウス(Segitius)を同伴させ、聖パトリックと共にアイルランドへと派遣した。聖パトリックとセギティウスがアイルランドへと向かおうとしたその時、彼らはアイルランド初代司教パラディウスについての報告を受けた。

「アイルランドの野蛮で、無常[93]な人々は、パラディウスの教えを受け入れない傾向にあった。また、彼がアイルランドで長い間を過ごすことを願わなかったために、パラディウスは祖国に帰る決意をした。アイルランドからの帰路において、最初の海を越え、そして、陸での旅を始めた。しかし、彼の人生はその陸での旅の途中で終わりを迎えた」<Vita. I 8(7).(3)>[94]と。その報告を受けた聖パトリック一行は、急遽行き先を変更して、大司教アマソレックス(Amathorex)[95]のもとへと向かう。そして、聖パトリックは彼からアイルランド司教の叙階を受け、アイルランドへと出発する。

次に、ティレハンの『聖パトリックに関する覚え書き』には、以下のように述べられている。22歳の時に、聖パトリックは、ドルイドの支配を逃れアイルランドを後にする。その後の7年間を「聖パトリックは苦難の中で、陸を旅し、海を航海し、ガリアの山々や丘陵を越えて、イタリアの全ての地域や、ティレンヌ海の島々を巡った」<Memo. III. I. 1. (6)>[96]。そしてその後、聖パトリックは「これらの島々の一つであるアラネシスと呼ばれる島で30年間滞在した」<Memo. III. I. 1.(6)>[97]。そして聖パトリックはこの地において、司教となるための霊的養成に励んだとされる。この地における30年の霊的養成の後、聖パトリックは「ローマ皇帝テオドシウスの30歳の時、使徒ペテロから始まる45代目のローマ教皇ケレスティヌスによって、スコット人にキリスト教を宣教するためにアイルランドに派遣される」<Memo. III. 6. 56. (2)>[98]。教皇ケレスティヌス1世は聖パトリック以前にパラディウスをアイルランドに派遣していたため、本書では聖パトリックは教皇ケレスティヌス1世に派遣された「二番目の司教」<Memo. III. 6. 56. (3)>[99]だとされる。

『三部作伝記』は、以下のように記される。聖パトリックは、「二人の姉妹ティグリス(Tigris)とルペイト(Lupait)[100]」と共に捕らえられ、アイルランドで「ダラライドの王ミルーク」[101]に奴隷として売られる。聖パトリックは7年間、ミルークのもとで羊番として働くが、「天使ビクター（Victor）」に導かれ、奴隷生活から逃れ、故郷であるブリタニアに戻る。ブリタニアに戻った聖パトリックのもとに、再び天使ビクターが現れ、彼にゲール語で書かれた多くの手紙を渡した。彼がその手紙を読もうとしたその時、彼はアイルランドの子どもたちの「全てのアイルランド人のために来て下さい、聖なるパトリック」[102]という声を聞く。聖パトリックは、この声によってアイルランド宣教を決意し、霊的養成のために家族のもとを旅立つ。まず彼は「イタリアの南東部で知恵と敬虔さを学び」[103]、その後、オクセールの司教ゲルマヌスを訪ねる。聖パトリックは、「ゲルマヌスのもとに30年間留まり、聖書や法の知識を学び、謙虚な姿勢でそれを完全に習得した」[104]。彼はゲルマヌスのもとで学んだ後も、霊的養成を続け、アララネシス島などの地域で多くの知識を身につける。このように、多くの霊的生活を過ごし、多くの知識を身に付けた聖パトリックは、アイルランド司教パラディウスの死の報告を受けた教皇ケレスティヌス1世によって、パラディウスの後任としてアイルランドへ向かうことを命じられる。しかし、聖パトリックは「主がそうすべきだと語られるまで、アイルランドに行かない」[105]と、その命令を断る。その後、天使ビクターの導きによって、ティレンヌ海の沿岸にあるアルモン山（Armon）に辿り着いた聖パトリックは、「主がモーセにシナイ山で語られたように、主は（この地で）聖パトリックに宣教するためにゲールに行くこと」[106]を命じられる。そして、そのことによってアイルランドへと向かう決意をするのである。

三伝承における聖パトリックの霊的養成の地と司教職就任の背景は以上の通りである。それでは、次にこれらより伝承的聖パトリック像を考察する。

ムルクーの『聖パトリック伝』と『三部作伝記』は、共に霊的養成の地をガリアだとしている。それに対して、ティレハンの『聖パトリックに関する覚え書き』は、ティレンヌ海のアラランネシス島だとしている。また、聖パトリックに司教職を与えたのは、『聖パトリック伝』においては大司教アマソレックス、『聖パトリックに関する覚え書き』、『三部作伝記』においてはローマ教皇ケレスティヌス1世とされている。これらの三伝承における異なりは、20世紀の聖パトリック研究における論争事項となっており、現在においてもカトリック側の「伝統派」とプロテスタント側の「反伝統派」に分かれてその論議は続く。

先述したように霊的養成の地は、三伝承においてガリアとアラランネシス島と異なりを見せる。しかし、ティレハンが「(霊的養成の後)祭司パトリックとイセルニウスは、アウケッレ(Auxerre)で、ゲルマヌスと共にいた。[107]」と語っていることから、ティレハンの書においても聖パトリックとゲルマヌスとの関係が述べられている。

これについて、P・グロジャンは独自の資料を用いて、アラランネシス島はゲルマヌス創設の修道院跡がある現在のヨンヌ川（Yonne River）のレ・アイル（Les・Isles）であり、聖パトリックはそこで霊的養成を受けていたと指摘している。[108]したがって、ティレハンの書においても、直接では無いが間接的な霊的養成の指導者はゲルマヌスなのである。このように、三伝承全てにおいて聖パトリックの霊的養成の師はゲルマヌスだとされるのではあるが、それでは実際にそれが事実であるのだろうか。

これについては、C・モールマンが「パトリックのラテン語やキリスト教学の知識について『告白』や『書簡』の表現から見て、ガリア有数の学問の府オクセールのゲルマヌスの下で長年勉学したことの影響は薄い[109]」と指摘しているように、事実では無いように思われる。それではなぜ三伝承においてそのように記されたのであろうか。それについて、次のように考えられよう。アーマー教会の裁治権の首位性を全アイルランドに承認させ、アイルランド教会を一体化させるためには、アーマー教会がよって立つ聖パトリックは神々しくなくてはならない。しかし、『告白』や『書簡』に見られる弱さを持つ歴史的聖パトリック像はそれには適さない。そのために、アイルランドにおいても、この当時既に、学問に長けている事が広く知られていたゲルマヌスを師とすることで、彼の所有する一つの弱さ、「学問に対する劣等感」を消し去ろうとしたのではないだろうか。また、ゲルマヌスを師とすることにはもう一つの理由があったように考えられる。アーマー教会が、首位性を主張するのは、聖パトリックがローマ・カトリック教会から正式に司教として派遣されているからだと主張する。しかし、『告白』や『書簡』にはこの言及は見られない。そのため、聖パトリックの師をゲルマヌスだとすることによって、教皇ケレスティヌス1世によるゲルマヌス、パラディウスのイングランド、アイルランド派遣の後任に、聖パトリックを置き、聖パトリックの派遣はローマ・カトリック教会の正式なものだとしたのではないだろうか。（教皇ケレスティヌス1世は、異端ペラギウス（「人間の意志の自由」を主張。4世紀中頃、イングランドに生まれる。）対策のためにゲルマヌスをイングランドに派遣した。そして、ゲルマヌスはイングランドにおいて、ペラギウス派を鎮圧するが、アイルランドにもペラギウス派が広まっているのを知った。そこで、彼はガリア帰還後弟子であるパラディウスを推薦し、教皇ケレスティヌス1世がアイルランド司教としてパラディウスを任命した。）上述したように、三伝承において聖パトリックは、ゲルマヌスのもとで長い年月学問に励み、聖書や法律の知識を完全に習得した高度な学識を所有する存在として描かれ、正式のローマ・カトリック教会から派遣された司教として記される。

Ⅱ節　世俗権力との関わり―神的力に満たされた聖パトリック―

①　アイルランドにおける権力構造

ムルクーは『聖パトリック伝』の中で、聖パトリック当時のアイルランドにおけるイ・ニール一族を頂点とする権力構造を述べる。「彼ら（聖パトリック一行）が、アイルランドに到着した当時、アイルランドには、莫大な力を保有する王であり、残忍な異教徒であるローマの皇帝では無い皇帝（リーレ王）がおり、その皇帝の玉座はタ－ラ（Tara）[110]にあった。タ－ラは、アイルランド全土を支配した一族の子孫ニール(Niall)の息子リーレ王(Loiguire)によって、アイルランドの首都とされていた。」<Vita. I 10 (9). (1)>[111]と。

ムルクーが伝承の中で、全アイルランドの支配者として記すイ・ニール一族とは、以下の通りである。イ・ニール一族とは、ムルクーが伝承を記した7世紀、アイルランドの南部を除く広い地域を治めた一族である。彼らの歴史に少し触れると、2世紀後半、一族の祖であるコン・ケットカハック(Conn Cetchathach)によって彼らの王国が創設された。その後、3世紀にアイルランドでは伝説的王として知られるコルマック・マックアート（Cormac Mac Airt）によって、ターラに都がおかれ、その後、少しずつ勢力範囲を拡大していく。聖パトリックが訪れた5世紀以降には、ニールやそのリーレをはじめとする息子たち、そしてその子孫たちによって、イ・ニール一族の勢力は急激に拡大し、7世紀までにはアイルランドの北東部アルスター地方と北西部コナハト地方、ブレーガ（ミーズ）などの中央地域のほとんどを勢力下におき、他の氏族に対してイ・ニール一族を上王（High King，アイルランド一の権力者）として認めるように主張した。

ムルクーが伝承の中では、聖パトリックがアイルランドを訪れた5世紀、このイ・ニール一族にアイルランド全土は治められていたとされる。しかし、実際には東部には古代アルスターの土着氏族ウラー（Ulaid）一族の王国がまだ存在し、南部のレンスターやマンスターにはモックタネ（Mochtaine）一族、オーナクト（O'nachto）一族の王国があり、事実とは異なっている。けれども、これら幾つかの氏族の中で、イ・ニール一族が最も強い権力を握っていたことは事実であり、伝承記者ムルクーは幾つかの氏族の中で最も有力なイ・ニール一族と聖パトリックとを関係付けることによって、多くの人々に強い影響力を与えようとしたのではないだろうか。

先述したように、聖パトリックが訪れた5世紀のアイルランドはイ・ニールやウラー、モックタネなどの一族によって支配され、それら氏族の中でもイ・ニール一族が最も強い権力を握っていたことが理解できた。それでは、次にこの当時、人々の崇拝の対象とは何だったのであろうか。ムルクーはこのことについて、次のように述べている。「リーレ王の周りには、賢者やドルイド、預言者、魔術師、悪行を行う策略家が取り巻いていた。異教徒や偶像崇拝者によると彼らは何かが起こる前に全てを知り、預言することのできる悪の力を身につけた人々だ。」<Vita. I 10 (9). (2)>[112]と。

ムルクーがこう語るように、聖パトリックが訪れた5世紀、アイルランドの王の周りにはドルイドと呼ばれる人々が存在した。彼らはケルト古来の自然哲学や神学・法律などの多くの知識を保有する知者であり、その豊かな知識によって、王から認められ、王より助言者・歴史家・法律家・預言者・詩人など様々な仕事を任せられていた。当時のアイルランド社会は、このドルイドの優れた知識によって成り立っており、その知識はアイルランドの土壌深くに浸透していた。そして、彼らはその豊かな知識によって、アイルランド全体の尊敬・崇拝の対象であった。

②世俗権力との関わり

『聖パトリック伝』、『三部作伝記』において、聖パトリックと世俗権力が最も深く関係する出来事とは、アイルランドにおいて行われた最初のイースターであった。聖パトリックが、アイルランドにおいて最初のイースターを祝った丁度その日に、イ・

ニール一族やドルイドたちによって、定期的に開かれていた異教徒の崇拝する祭（『三部作伝記』においてはこの祭りを<ターラの祭り（Feis Temra)>[113]と呼ばれている。）も祝われていた。二伝承はキリスト教最大の祝祭イースターとアイルランドにおける異教最大の祝祭「ターラの祭り」を同一日にすることによって、聖パトリックと世俗権力、キリスト教信仰とドルイド尊敬・崇拝を関係させるのである。

　二伝承はこの二つの祝祭の出来事を以下のように語っている。聖パトリックは、イースターを迎えようとする前夜、「一年の中で最も重要な儀式、つまりイースターの祝祭は、アイルランドの偶像崇拝者や魔術師の長たちが、居を構える場所ブレーガ、別名ターラ以上に適する場所は無い」<Tri.>[114]と考えていた。ブレーガは、以前イ・ニール一族が都としていた都市である。しかし、聖パトリックの宣教時は、すでに都としては用いられていなかったが、イ・ニール一族発祥の地として崇められ、ドルイド尊敬・崇拝の首座となっていた都市である。それゆえ、聖パトリックも先述した考え（異教の中心地でイースターを迎えるべきである）によって、祝祭を迎えるために、ブレーガに向かった。そして彼はブレーガにあるフィアック（Fiaccu, リーレ王の曽祖父）の奴隷たちによって作られた埋葬地に辿り着き、そこでイースターの聖なる火を灯した。

　聖パトリックがイースターの火を灯したこの日、異教徒たちも「ターラの祭り」の前夜を迎えていた。この祭りには、アイルランド各地より「王・長官（Satraps）・指導者・王子などの高貴な人々、更にドルイド・預言者・発明家・技術者など全ての知識を伝える人々」<Vita. I 15(14). (2)>[115]が集まり、祭りでは「呪文が唱えられ、魔術的儀式や偶像崇拝の迷信的行動」<Vita. I 15(14). (1)>[116]が繰り広げられていた。

この「ターラの祭り」には、イ・ニール一族によって、アイルランド全土に公布された決まりが存在した。その決まりとは、「ターラの祭りの火が〈王宮に〉灯される以前に、火を灯してはならない。」<Tri.>[117]というものであり、もし人々がこの決まりを破れば、人々は「王によって、死刑に処された」<Tri.>[118]のである。

決まりを破り、聖パトリックによって灯されたイースターの火は、平原に住むほとんどの人々に目撃され、当然ターラでも見られた。しかし、この光景に激怒したリーレ王は、聖パトリックを捕らえるために、「九頭だての三つの馬車[119]」で、「最も力強いとされた二人のドルイド、ルケット・マエル（Lucet Mael）とロクル（Lochru）[120]」を連れて、「夜通し、フィアックの埋葬地に向けて歩を進めた」<Vita. I 16(15). (2)>[121]。彼らは夜明け前に、埋葬地の外に辿り着いて、そこに腰をおろし、決して埋葬地の中に入ろうとはしなかった。なぜなら、彼らは「〔イースターの〕火によって灯された場所には入ってはなりません。もしそうすれば、後にあなたたちは火を灯した男を崇拝するからです。」<Vita. I 16(15).(3)>[122]と「お告げ」を受けていたからである。従って、彼らは埋葬地の外から、聖パトリックに呼びかけ、聖パトリックはその呼びかけに答えて、彼らの前に現れた。聖パトリックは、装備具をまとった二輪戦車や馬を見ても、全く恐れ慄かず、不敵に笑みを浮かべながら「この者どもは、馬や戦車を信頼している。しかし、私は偉大なる主の御名を信頼する」<Tri.>[123]と語った。そこで、ドルイドの一人ロクルは、聖パトリックを挑発し、主なる神を罵った。聖パトリックは、この言葉を聞いて、力強く、かん高い声で主に語りかけた。「主よ、全てに力強く、どこにおいても力強いあなたは、私をここに送ってくれました。この不敬な男をすぐに追放し、罰して下さい」<Vita. I 17(16).(5)>[124]と。彼がこのように主に語りかけた瞬間、ロクルの頭は地面に叩きつけられ、粉々に砕け散った。

その出来事に激怒した王の兵士たちは、一斉に聖パトリックに襲い掛かかろうとした時、再び聖パトリックは神に語りかけた。「神よ、お願いします。あなたの敵を破滅させ、あなたの不幸を願う者を、消し去ってください」<Vita. I 18(17).(2)>[125]と。聖パトリックがこのように語りかけると、あたりは暗闇に包まれ、異教徒たちの仲間割れが起こり、大地震が起こった。そして、神の罰は朝になるまで続けられた。この神の罰から逃れ、ターラの城へとかろうじて逃れる事が出来たのは、リーレ王、ドルイドのルケット・マエルとその部下たちの四人だけであった。

翌日、復活のキリストが戸に鍵をかけて隠れる弟子のもとを訪れた様に、聖パトリックはアイルランド全土から集まった人々に、真の信仰を説くために、五人の仲間と共に「閉ざされた扉を通って〔ターラ城の中に〕入っていった」<Vita. I 19(18).(2), Jone20: 19>[126]。異教徒たちはターラ城を訪れた聖パトリックを試すために共に食事をすることを求めた。これに応じた聖パトリックには、毒入りのぶどう酒が注がれた。聖パトリックは、そこにいる全ての人々の前で、ぶどう酒を祝福すると、ぶどう酒は凍り、その中から毒の滴だけがテーブル上へと落ちた。その後、前夜の出来事と、そしてこの光景に驚いたリーレ王は、聖パトリックの聖なる力とドルイドの魔術を競わせた。

ドルイドは魔術によって、世界の北の果てから人々の生活に困窮をもたらす雪や霧を呼び寄せた。彼は同じ事を聖パトリックにも要求するが、「私は神の意志に反する何ものをも持ってきたくはありません」<Vita. I 20(19).(3)>[127]とその要求を拒絶した。さらに、聖パトリックはそれらが人々に有害であるため、ドルイドに雪や霧を消すことを要求した。しかし、ドルイドは「明日のこの時間まで、私はそれらを取り除くことは出来ない」<Vita. I 20(19).(4)>[128]と答えたので、聖パトリックはこのドルイドに代わって、雪を溶かし、霧を晴らした。そしてそれに続けてこう言った。「あなたは悪いことは行えるが、良いことは行えない。しかし、私はそうでは無い」<Vita. I 20(19).(4)>[129]と。

ムルクーはこれら二つの力と働きを併記することによって、聖パトリックの奇跡の力を「善」、ドルイドの魔術の力を「悪」と規定している。そして、聖パトリックの奇跡の力が善であるからこそ、彼は人々の害となる雪や霧を呼び寄せることが出来なかったと記す。それに対し、ドルイドの魔術の力が悪であるからこそ、ドルイドは人々の害となる雪や霧を消すことが出来なかったのであると綴る。

次に、ムルクーは聖パトリックがドルイドに突きつけた提案を記述している。その提案とは、緑の植物が茂った家に、聖パトリックの衣装をまとったドルイドが入り、枯れた植物が茂った家に、聖パトリックに使える少年がドルイドの衣装をまとって入り、同時に家に火をつけたらどちらが生き残るかというものであった。炎は緑の茂った家をドルイドと共に焼き尽くし、聖パトリックの祭服以外は跡形も無く消え去った。それに対し、少年が入った家は全く燃えることなく、また少年自身も火傷することなく、ただドルイドの衣装のみが炎を上げて燃えたのであった。この出来事によって、聖パトリックの善の力はドルイドの悪の力に勝り、キリスト教はドルイド尊敬・崇拝に勝利を収めた。そして聖パトリックの力に恐れ慄くリーレ王は、「死ぬよりも信じることを選ぶほうが私たちには得策だ」<Vita. I 21(20).(1)>[130]と抵抗を辞め、そこに集う全ての人々と共にキリスト教に改宗し、ドルイドに変わってキリスト教の神を崇拝・信仰した。しかし、リーレ王がキリスト教に改宗したにも関わらず、聖パトリックはリーレ王に一つの預言をする。「あなたが、〔今まで〕私の教えに抵抗し、私を攻撃したため、あなたがこの国を統治する日々は継続されるけれども、あなたの子孫は誰も王につく事は出来ないでしょう」<Vita. 21 (20).(2)>[131]と。

この二伝承における二つの祝祭の出来事は以上の通りである。それでは、次にこれらより伝承的聖パトリック像を考察する。ムルクーや『三部作伝記』の著者は、伝承の中で二つの祝祭を同日にすることによって、聖パトリックと世俗権力、キリスト教とドルイド尊敬・崇拝を関係させている。ムルクーが伝承形成に取り掛かった7世紀、アイルランドではイ・ニール一族の勢力が絶頂をむかえ、アイルランドの北部・中央部を制圧していた。また、人々の崇拝の対象はドルイドからキリスト教へと変わりはじめていたが、依然としてドルイドによって広められた生活全般に渡る知識は、アイルランドの土壌に深く浸透し、アイルランドの人々はこれらを保有、継承していた。

このようなイ・ニール一族の勢力やドルイドの知識が大きな影響力を持つ7世紀、ムルクーはアイルランド各地で口頭によって伝承されていた「二つの祝祭の出来事」を利用することによって、聖パトリックの奇跡の力・キリスト教の教えがイ・ニール一族の武力やドルイドの魔術や知識・技術以上のものだと述べる。そうすることによって、彼はアイルランドの土壌に深くキリスト教・聖パトリックの言行を浸透させ、アーマー教会の裁治権の首位性を他教会に容認させようとしたのである。そして、9世紀に記された『三部作伝記』の中にある「二つの祝祭の出来事」も、アイルランド全土にキリスト教を更に深く浸透させる役割を果たすものである。

しかし、聖パトリックによって記された『告白』の中に見られる聖パトリックは、「彼ら〔王やドルイド〕が私を殺したいと熱望していた」(Conf. 52)[132]と語っている。しかも、『告白』の中で、上記の伝承に記されるように、様々な奇跡的力によって、世俗権力に悩まされている。上記の『告白』における聖パトリックは、伝承に記されるように、様々な奇跡的力によって、世俗権力やドルイドを打ち倒すことは無かった。聖パトリックは、彼らに「捕らえられ」(Conf. 52)[133]、「鉄格子に入れられ」(Conf. 52)[134]、監禁された、とそこで述べる。それではなぜ二伝承において聖パトリックは、奇跡的力を保有したのであろうか。それは以下のように考えられよう。

聖パトリック宣教から7世紀に至るまで、『告白』の中に見ることの出来る歴史的聖パトリック像、つまり表面的には世俗権力に立ち向かうことが出来ないが、その弾圧に対して不屈なまでに信仰や使命や希望(キリストを信じたい・神に託された使命を全うしたい・アイルランドの人々を救済したい)を持って耐えつづける彼の姿に多くのアイルランド教会員たちは共感したのであろう。そして彼のこのような姿、彼の宣教姿勢を継承していった後継者たちの姿に多くの人々の心が揺り動かされてたからこそ、紀元前からドルイド尊敬・崇拝を保有し続けてきたゲール人の「国家」アイルランドが、わずか二百年でキリスト教「国家」となった。実際に、聖パトリックは世俗権力と向き合い、彼らを打ち負かすことは出来なかったが、彼の宣教姿勢は二百年という歴史の中でイ・ニール一族やドルイドを凌駕したのである。7世紀の伝記記者ムルクー、9世紀の『三部作伝記』の著者は、この奇跡的出来事、キリスト教の発展・隆盛を目の当たりにしていた。だからこそ、彼らは、伝承において聖パトリックを様々な奇跡を行う、神々しい力に満たされた存在として描くのである。またそれだけでなく、アーマーの首位権を承認させるために、さらに聖パトリックを「絶対的崇拝」の対象とするために、表面的無力さを拭い去りたいとの願いも勿論あったと思われる。上述した二伝承は世俗権力との関係において聖パトリックを様々な奇跡を用いる、神的力に満たされた存在として表わされのである。

Ⅲ節　全アイルランド人に対する聖パトリックと神との約束
―全アイルランド人の救い、聖パトリック―

『聖パトリック伝』における、聖パトリックと神との約束は以下の通りである。聖パトリックの死が間近に迫ったある日、天使は死の報告をするために、聖パトリックのもとを訪れた。そしてその報告を受けた聖パトリックは、最期を迎える場所として、「他のどこよりも愛する場所」<Vita. II 4.>[135]アーマーへと向かった。しかし、その途次、彼の古くからの信仰の導き手、天使ヴィクトリクスから送られた天使が聖パトリックのもとに訪れた。そしてその天使は天使ヴィクトリクスの指示を聖パトリックに伝えた。「あなたがやって来た場所ソウル（Saul）へと戻りなさい。そうすれば、あなたが願う要求が〔神より〕与えられるでしょう」<Vita. II 5.(2)>[136]と。

その要求とは、アイルランドの人々の訴えの形式でなっているが、次のようなものである。「身体から彼〔聖パトリック〕の魂が遊離するその日に、彼のために讃美歌を歌う全ての人々が、〔自らの死の時に〕それぞれの罪の償いに応じてあなた（＝聖パトリック）から裁きを受ける。」<Vita. II 6(5).(1)>、[137]「〔最後の審判の日に〕使徒たちが〔イエス・キリストより〕『あなた方は座して、イスラエル十二部族を裁くであろう』と語られたように、全てのアイルランド人は、〔最期の審判の日に〕あなたより裁きを受ける。」<Vita. II 6(5).(3)>[138]など。聖パトリックは、天使ヴィクトリクスの指示に従い、ソウルへと戻って行った。そしてそれに伴い聖パトリックの要求、アイルランドの人々の罪からの救い・最期の審判における贖いが、神によって約束された。以上が『聖パトリック伝』における全アイルランド人に対する神と聖パトリックの約束である。

次に『三部作伝記』においては、神と聖パトリックの約束は以下のような出来事の中で記されている。聖パトリックは、クローハン・アーグル（Cruachan Aigle, 別名リック<Rick>）と呼ばれる山に、四旬節（Quadragesima）の土曜日にやって来た。天使もまた彼に神の意志を伝えるためにそこを訪れた。天使は聖パトリックに言った。「汝の要求するものは、余りにも法外で、突飛なものだと神はお考えになられたので、神はその要求を受け入れない[139]」と。その言葉に対して、聖パトリックは「それが神の望まれることなのですか[140]」と念を押す。それに対して、天使は「そうです[141]」と答えた。しかし、聖パトリックは神のこの言葉を聞いても引き下がろうとはせず、「私は私が死ぬ以外、私の要求が受け入れられるまでここリックから離れることは無い。[142]」と語った。そして聖パトリックは、断食して、懺悔（=「灰の水曜日」）の土曜日からイースター前の土曜日までクローハンに留まった。そしてクローハン滞在の40日目の夜、黒い鳥の群れが現れた。

聖パトリックは、この鳥たちを追いやるために、詩篇の呪いの言葉（「早く死んでその名も消えうせるが良い」Psalms 41: 6）を唱えたが、鳥たちは立ち去らなかった。聖パトリックは鳥たちに激怒し、手に携えていた鐘を投げつけた。そして、顔と祭服がびしょ濡れになるほど、彼は号泣した。天使はこの光景を見て、余りにも哀れだと感じ、彼を慰めるために再び彼のもとへとやって来た。天使は聖パトリックの祭服を清め、リックに白い鳥を放ち、その鳥たちは聖パトリックの耳元で優しく囀った。そして天使は聖パトリックが要求したことの一つを受託しようと彼に語った。それに対して、聖パトリックは「地獄の苦痛から毎週木曜日に七人、毎週土曜日に十二人が救われる」[143]ことを要求した。天使は、「それではそのようにしましょう。ですから、汝はすぐにリックより離れなさい」[144]と答えた。しかし、聖パトリックは「私はそのようにはしないでしょう。私は祝されるまで、苦しみ続けるのだから」[145]と答える。そして、聖パトリックは、新たなる要求が受託されるように、さらに天使に語りかける。このようなやり取りが繰り返される中で、天使は下記の事を受託していった。その受託された要求とは、「私〔聖パトリック〕が天に留まる限り、契約や軍事力によって、サクソン人は決してアイルランドに住まない〔事〕」[146]、「汝〔聖パトリック〕の賛歌を歌うものは誰でも、決して苦痛や拷問を受けない〔事〕」[147]、「汝〔聖パトリック〕の名において、良い行いをする者の魂や、アイルランドで自らが犯した罪を償う者の魂は、地獄へ向かわない〔事〕」[148]、「汝〔聖パトリック〕の祭服を受け継ぐ全ての人々〔アイルランドのキリスト教徒〕は、汝によって最期の審判の苦しみから逃れることが出来る〔事〕」[149]、「(最後の審判の)時に、私〔聖パトリック〕自身がアイルランドの人々を裁く〔事〕」[150]など。そして天使だけでなく神もまた彼にこう語った。『これまでもこれからも使徒以上に崇められる人間はいない。しかし、汝〔聖パトリック〕の頑固さに応じて、あなたの祈ったことをその通りにしよう』[151]と。神のこの言葉によって、全ての要求を受け入れられた聖パトリックは、感激の余り跪いたままリックを這い降りた。『三部作伝記』における神と聖パトリックのアイルランド人に対する約束の出来事は以上である。

それでは次に、これら二伝承における「全アイルランド人に対する神と聖パトリックの約束」の出来事から、伝承的聖パトリック像を考察する。9世紀に記された『三部作伝記』における神と聖パトリックの間で交わされた多くの約束は、7世紀に記された『聖パトリック伝』における約束と『聖パトリックに関する覚え書き』に見ることの出来る「聖パトリックの願い」と呼ばれるアイルランドの人々の願いをも含む。

さて、「聖パトリックの願い」については、まだ説明を加えていないのでここで説明する。「聖パトリックの願い」とは、現在でもアイルランドの人々に継承されるものであり、終末時や未来のアイルランド人の願いを聖パトリックの口によって代弁させたものである。ここには「第一に、もし人生が裁かれる最期の審判までに、自らの罪を償うのであれば、そのような全ての人々は、神に受け入れられ、地獄に投じられることは無い。第二に、多種族が私たちを支配することは永遠に無い。[152]」と記されている。このアイルランドの人々の願い（聖パトリックの願い）は、『聖パトリック伝』に見られる「アイルランド人に対する神と聖パトリックの約束」の伝承と結び付けられて、終末時、未来への不安や願いを聖パトリックに託す形で9世紀の『三部作伝記』に記される。それではなぜ、アイルランドの人々は終末時や未来にこれほどの不安を抱え、これらの不安を『三部作伝記』の中で、人間的弱みを保有する聖パトリックに託したのであろうか。そのことは以下のように考えられよう。

修道院時代に重要視された「殉教」において、他人の罪を贖うことが重要視された。このことによって、アイルランドの多くの人々は終末や未来に異常なまでの関心や不安を持った。そしてそれは、アイルランドにおいて修道院が創設された六世紀からイングランドに支配される12世紀までに発刊された神学的著作の大多数が終末論的要素を含むものであった[153]ことからも理解することが出来る。その中でも、特に彼らの関心の中心は、「最後の審判」と「贖罪」に向けられていた。しかし、これほどまで、多くの終末論的な書物が書かれていたにも関わらず、20世紀の神学者B・グローガン(Brian Grogan)が語るように、ローマ領域から遠く離れ、神学的知識が伝承されることの無かったアイルランドにおいては、「(終末論を) 体系的かつ総合的に提示するに至っていない。それに応じる組織神学も発達していなかった。彼らは人間の思考を超える終末時事象に肉付けを与えるために、旧・新約聖書を利用し、聖書に欠ける点は想像によって独自の終末論を構築したのだ。[154]」

アイルランドの人々は、組織神学が発達しなかったことにより、独自の方法で終末論を構築した。彼らは聖書に欠ける点を、想像によって聖パトリックの贖いに託し、独自の終末論を構築したのである。『告白』に見ることの出来る歴史的聖パトリック像は、7世紀の伝承作成に至るまで、多くのアイルランド教会員たちの心を揺り動かした。どんな蔑みや迫害にあっても、アイルランドの人々を救うために、宣教活動に励んだ彼の姿勢が多くの教会員にとって、崇拝の対象となった。そして、7世紀に記された二つの伝承作品によって、聖パトリックは、教会員だけでなく世俗の人々の心をも捉えていった。

『三部作伝記』における、神への要求の際に、聖パトリックが繰り返し発する言葉、「私は祝されるまで、苦しみ続けるのだから」は、彼に対するアイルランドの人々の信頼を高めさせてゆく。アイルランドの人々は、聖パトリックは死に至るまでアイルランドの人々の罪を償ってくれた存在だと、彼の宣教活動から、また、彼のアイルランドへの愛から信じられる。このような彼に対する信頼と尊敬から、アイルランドの人々は、彼らの最大の関心事であり、最も実存的で、不安な出来事である終末時や未来において、ひたすら聖パトリックの贖いを願った。そして彼らのこのような願いによって、9世紀、「全アイルランド人に対する神と聖パトリックの約束」の出来事は『三部作伝記』に収められたのである。かかる伝承において、聖パトリックは、アイルランド人の終末時や未来に対する究極的願いを実現させ、実存的不安と恐怖を拭い去る「救いの存在」として形作られていったのである。

結論

筆者は本稿を記すことによって、以下のようなことを理解することができた。全アイルランド人が、7世紀から現在に至るまで、絆として保有し続ける二つの聖パトリック像とは、アイルランド人にとって、一方は自らの現実を映し出す聖パトリック像（イエス像）であり、他方は、自らの理想を反映させた聖パトリック像（キリスト像）だと言うことが出来る。そしてこれらは共に苦難の歴史の中で、アイルランドを強め、支え、希望を与える、なくてはならない存在である。

「歴史的聖パトリック像」、すなわち、弱さを保有しながらも、常に神との関係に生きることによって、神に強められ、支えられ、いかなる迫害や批判に屈することなく、宣教活動に邁進することのできる、この「信仰的強さ」を獲得した「像」は、多くの苦難にさらされてきたアイルランド人に対して勇躍、服従など様々なものをもたらしてゆく。アイルランドの人々は、自分たちと同様、多くの迫害や批判、蔑みの中にあったこの「歴史的聖パトリック像」を見習い、この「歴史的聖パトリック像」を通してパレスチナに生きたイエスの姿をも見た。その聖パトリックへの尊敬、また、イエスへの信従は彼らも常に神との関係に生き、神に全てを委ね、多くの苦難の歴史の中で、神に強められ支えられてきたことを実感させていった。したがって、「人間的弱さ」と「信仰的強さ」を併せ持つ「歴史的聖パトリック像」は、全アイルランド人の現実の人生を映し出しつつ、信仰的服従・力・希望となるものであった。

一方、神々しく聖化された「伝承的聖パトリック像」は苦難と迫害に耐え、それを越えて、強められ、そして神の栄光を賛美する、雄々しい「聖パトリックの姿」である。それはまた、同時にアイルランドの人々の「信仰的願い」を凝縮するものである。

アイルランド教会混乱期（7世紀）において、聖パトリックの後継者たちは、この混乱期を打破するために、聖パトリックを記した初期伝承作品を作成した。この中で、聖パトリックは神々しい存在として美化される。これはただ単に、アーマー教会の裁治権の首位性を全アイルランドに承認させ、アーマー教会の下に全アイルランド教会を統一させ、また、司教制からなるアイルランド教会を構築する上で、聖パトリックが保有する弱さが不都合だったためだけではない。ここには、聖パトリックの奥底に奇跡の力を見た後継者たちの強い願いが込められている。表面的には弱さを抱え、世俗権力やドルイドに力で立ち向かえなかった聖パトリックではあったが、彼の宣教からわずか二百年で、キリスト教はドルイドを超える信仰・崇拝の対象となり、また、いかなる世俗権力をもしのぐ影響力を保有するようになった。

この「勝利の道程」の目撃者であった後継者たちはこの中に聖パトリックの奥深く

に潜む奇跡的力、「罪をも、死をも打ち滅ぼし、救いと、永遠なるいのちを与える存在の力」（キリスト像）を見た。だからこそ、「伝承的聖パトリック像」は、神々しい存在として描かれるのである。そして後継者たちはこの「聖パトリック」の奇跡的力、救済力をもって、7世紀混乱期の解消と、「希望あふれる未来、救いの内におかれる終末」をこの聖パトリックに託し、「伝承」を記したのである。この後継者たちの願いを込めた「伝承作品」が記されることで、かかる願いは記述者たちだけでなく、全アイルランドの人々のものとなっていったのである。奇跡的力をもち、救いにも携わる「伝承的聖パトリック像」は、未来や終末への不安を抱えるアイルランドの人々を勇気づけ、希望あふれる「明日のアイルランド」創出の絆、お互いに強く結び合って、前へと歩ませる推進力、多くの困難を彼らに乗り越えさせ、励ます「導き手」となっていった。二つの「聖パトリック像」は今日もまた、「希望の光」として輝き、「力」となって励まし、慰めている。

筆者は本稿を記すことで、「神との関係」を希薄とさせる現代、「他との協調・連帯」よりも、「個人主義」を尊ぶ現代人、そして「生きる意味も、役割」も見つけにくく、「自己受容」もままならない私たちに多くの教示と反省をあたえられたように想われる。

筆者は昨年度まで知的障害児・者施設で生活支援員として働いてきた。その生活の中で、この世の片隅に追いやられ、弱者とされる知的障害児・者の信仰が、如何に純粋で素晴らしいものかを実感してきた。純粋に神と向き合い、素直に全てを神に委ねる事の出来る彼らの姿を垣間見、何度となく自らを反省した事がある。彼らはこの世の中で、苦境に立たされているからこそ、私たちよりも神により近い所で日々の生活を送っている。そこには、本来のキリスト者の姿、人間の姿があり、私たちが学び、実践しなければならない姿が多く存在するのである。こうした経験から、本稿では、同じ苦境の歴史を歩んできたアイルランド人たちの保有する信仰を探求してきた。今後もこの世の片隅に追いやられた人々が保有してきた信仰、「弱者の神学」が如何なるものであるかを研究課題にして、地道に研究に取り組んでいきたいと思っている。

脚注

1　この法律は、カトリックの土地所有権に対するものであり、カトリックの影響力を減少させることを意図していた。また、この法律では、カトリック信者が法律家になること、官職につくこと、武器を携帯することも禁じられていた。

2　O'Connell, Daniel (1775-1847) アイルランド政治家。大ブリテンとの連合に反対し、アイルランド独立運動を、カトリックの勢力を糾合しつつ推進した。カトリック協議会を組織し（1823）、終始、合法的手段をもって、カトリックの解放のために戦った。国会議員に選ばれ(28)、議会活動を通じてローマカトリック解放条例を成立せしめた。(29)

3 A. B. E. Hood (ed. & trans.), St. Patrick-His Writing and Muirchu's Life, History from the Sources, London, 1978, pp. 41-54.

4 Ibid., pp.55-. 後の注より St. Patrick に省略。

5 Coroticus 最近までブリタニアの一地域の君主と見られていたが、現在はアイルランドの小王だと考える（E. A. Thompson, St. Patrick and Coroticus, Journal of Theological Studies, N. S., 31, 1980.）学者が多い。

6 Muirchu アイルランドの南東部を領土とするモックタネ一族の一員であり、アーマーの聖職者であった。

7 L. Bieler, The Patrician Texts in The Book of Armagh, Dublin, 1979, pp. 61-121.
後の注よりThe Patrician Textsに省略。
W. Stokes (ed. and trans.), The Tripartite Life Of Patrick, Dublin, 1965, pp. 301-351.

8 Tirehan アードブラカンの司教。先代の司教ウルタンを通して直接聞いた伝承と、ウルタンの残した書物及びアイルランド各地より得た伝承によって『聖パトリックに関する覚え書き』記す（６８０?／７００?）。

9 L. Bieler, The Patrician Texts, pp. 122-165.

10 W. Stokes (ed. and Trans.), The Tripartite Life Of Patrick, Vol. 1～2, Dublin, 1965, pp. 428-489.

11 Annals of Ulster ８世紀中期以降に、アイルランドで起こった全ての歴史を記録した年代記。しかし、８世紀以前の記録は、これもまた口頭伝承に依拠しているため史実的に確かだとは言えない。

12 James Henthorn Todd (1805-1869) アイルランド聖公会の聖職者であり、ロイヤルアイリッシュアカデミー総裁やトリニティー・カレッジ・ダブリン教授を歴任する。

13 J. H. Todd, St. Patrick, Apostle of Ireland, Dublin, 1864.

14 Germanus (380-448) オーセールの主教（４１８）。ペラギウス派を説伏するため教皇ケレスティヌス1世によってブリヤニアに派遣され、彼らを沈黙させた。

15 Coelestinus (-432) 1世教皇（位４２２—32）ローマ会議でネストリオス主義を排斥、エペソ総会議に3人の教皇使節を派遣して、ネストリウス主義を拝して、ペラギウス主義を斥けた。ブリタニアへゲルマヌスを派遣し（４２９）、アイルランドにはパラディウスを派遣して、両地のペラギウス主義を押さえた。

16 Palladius (-432) パトリックの二つの初期伝承やアルスター年代記において、431年にペラギウス対策のために教皇ケレスティヌス1世からアイルランドに派遣された初代司教だとされる。

17 M. F. Cusac, The Life of St. Patrick, Apostle of Ireland, London, 1869: Fr. Gaffney, The Story of St. Patrick for Boys and Girls, Dublin, 1890 etc.

18 J. B. Bury, The Life of St. Patrick and His Place in History, London, 1905.

19 L. Bieler, The life and Legend of St. Patrick, Dublin, 1949.

20 E. MacNeill, St. Patrick, Dublin, 1964.

21 J. Ryan, The Tradition View of St Patrick, Dublin, 1931.

22 T. F. O'Rahilly, The Two Patricks, Dublin, 1971.

23 J. Carney, The Problem of St. Patrick, Dublin, 1973.

24 Decurion ローマ帝国植民地の自治体を取り仕切る自治体会議の構成員。職務は税額査定や徴税。

25 Miluch ムルクーの伝承より、アイルランドの北西部（現在のアルスター地方）の王だと理解できる。

26 Germanus (380-448) ４１８年、オクセールの司教となった彼は教皇ケレスティヌス1世によってブリタニアに派遣された（４２９）後も、再度ブリタニアに渡り（４４７）、ブリテン人に勝どき（ハレルヤ）を教え、この喚声のみにてサクソン人から無血の勝利を得たと言われる。

27 ４世紀ブリタニアの修道士、ペラギウスの主張を受け継ぐ人々。彼らは、原罪を否定し、「人間はアダムの堕罪後も自由意志を持っており、罪を犯すか否か、つまり救われるか否かは自由意志に関わっている」と主張する。

28 P. W. Joyce, Social History of Early Ireland, II, Dublin, 1903, p. 223.

29 A. B. E. Hood, St. Patrick, p. 43.

30 Ibid., p. 42.

31 Ibid., p. 54.

32 Ibid., p. 43.

33 Ibid., p. 51.

34 Ibid., p. 52.

35 Ibid., p. 48.

36 Ibid., p. 48.

37 Ibid., p. 48.

38 Ibid., p. 51.

39 Ibid., p. 51.

40 Ibid., p. 52.

41 Ibid., p. 52.

42 Ibid., p. 52.

43 Ibid., p. 52.

44 J. O'Donovan and E. O'Curry. ed. Ancient Laws of Ireland, 6vols, Rolls Series, Dublin & London, 1865-1901.

45 Plotinos (205-269/70) 新プラトン主義の実質上の創始者。彼の思想は、アウグスティヌスはじめ、中世の神学思想、およびルネサンス期の哲学思想に多くの影響を与えた。彼の哲学の特色は、その時代の主要な精神的課題であった宗教的要求に答えて、特にプラトンから出発し、アリストテレスやストア派などのギリシヤ諸哲学の思想を総合した点である。その中心観念は全存在および価値の根源としての〈一者〉の思想である。主著：Enneades

46 The Pseudo-Dionysian writings（偽ディオニシウス文書） ディオニシウスの書物として知られていた一群の書物。おそらく、5世紀終わりか6世紀に書かれたものであり、その著者はシリアの修道院の人であったようである。単性論者によって使徒行伝（17：34）のアレオパゴスのデオヌシオの著とされたため、〈偽アレオパギータ〉と呼ばれたこともある。

47 A. B. E. Hood, St. Patrick, p. 41.

48 Ibid., p. 43.

49 Ibid., p. 43.

50 Ibid., p. 46.

51 Ibid., p. 46.

52 Councils of Nicaea 第1回ニカイア総会議。325年コンスタンティヌス大帝によって召集され、主としてアリウス論争を扱ったが、他にメリティオス派の問題、復活祭論争なども扱われた。復活祭に関しては、春分につぐ最初の満月の後の最初の日曜日に守ると決定、復活祭論争に一応の終止符が打たれた。

53 C. J. Hefele-H.Leclercq, Histoire des Conciles, Paris, 1907-21, I. 1. p.466.

54 Western Church 古代におけるラテン系（ローマ、上部イタリア、北アフリカ、イスパニア、ガリア、ブリタニア、ゲルマニア）の諸教会を指す。395年のローマ帝国分裂に伴って、ローマカトリック教会も東西に分裂する。

55 Dionysius Alexandria ローマのスティアの修道士ディオニシウスが、アレクサンドリア方式の流れを継承して、５２５年に、５３２年から６２６年までの復活祭祝日を算出したもの。

56 Victorius Latin アキテーヌの学者ヴィクトリウスによって、作られた方式。28年から５５９年までの復活祭の祝日を算出することによって成り立っている。

57 K.Hughes, The Church in Early Irish Society, London 1996, pp.212,214-215.

58 Ibid., p. 215.

59 A. W. Hadden & Stubbs, ed., Councils and Ecclesiastical Documents relating to Great Britain and Ireland, Vol.3, Oxford, 1964, pp.292-4

60 L. Bieler (ed.& trans), The Irish Penitentials, Dublin, 1975, p. 55.

61 C. J. Hefele-H. Leclercq, op. cit., I. 1. p. 466.

62 Wasserschlebe n(ed.), Die irische Kanonens ammlung, Leipzig, 1885, I. 46, 5a.

63 Finian (-549) アイルランドの修道院運動創始者である。

64 L. Birler, The Irish Penitials, Dublin, 1975, pp. 74-95.

65 B. Krusch, Vita Columbani Abbatis discripulorumque eius libri duo, in Monumenta Germaniae Historica, Scriptores Rerum Merouingicarum, Vol. 1, Dublin, 1902, pp.1-152.

66 本論文第1章第2節（2）を参考に

67 Gregorius 1 (在位５９０—６０４) 最期のラテン教父。中世教会史の開始者と目される。文法、修辞、法律などを学び、ユスティニアス2世よりローマ市総督に任命された（５７３）が、のち伝家の所領を売却、修道士となり貧民に施与、ローマ、シチリヤ等などに7箇所の修道院を建設した。ローマ教会七執事の一人によってコンスタンティノポリスの宮廷に教皇使節として派遣され（５７９—85）、帰国後修道院長に就任（５８５）。この頃、奴隷市場でアングル人を見て、〈アングルではなくアンゲル（天使）だ。この人たちに伝道したい〉と言ってイギリス伝道を夢見たという。ペラギウス2世の死後、推されて教皇に就任（５９０）。修道士出身の最初の教皇となった。

68 Augustinus（-604） カンタベリーの初代大司教。ローマの聖アンドレアス修道委員長。約40人の修道士とともに教皇グレゴリウス1世により、イギリスにおける教会再建のためケントに派遣され（５９６）、カンタベリー主教（５９７）、初代大司教となる。

69 イングランドにアングロ＝サクソン人が移住後、彼らによって7つに王国が建国された。その時代を7王国時代と呼ばれる。ケント王国は、イングランド南東部に建国された7王国のうちの一つである。

70 Ethelbert (552?-616) ケント王国の王であり、キリスト教徒であった王妃ベルタの影響で、洗礼を受ける以前よりキリスト教に関心を寄せていた。かなりの教養を有していたとされる。

71 第1章を参考に

72 J. F. Kenny, The Sources for the Early History of Ireland: Ecclesiastical, Dublin, 1979, pp. 337-339.

73 Synod of Whitby ６６４年イングランドのアイルランド系教会とローマ系教会との復活祭日付の統一を図るために、ノーサンブリア王オズウィンが召集した教会会議。この会議によって、アイルランド系教会はローマ方式を採用する。

74 Aedh (-700) スレティーの修道委員長兼司教。エイが司教を担当していたスレティー教会は、当時聖パトリックに教会創設者としての権威を置くアーマー教会下に参入しており、その時期に伝記著作の懸案が出された。

75 L. Bieler, The Patrician Texts, p. 63.

76 Ibid., p. 63.

77 盛節子著『アイルランドの宗教と文化』日本基督教団出版局、１９９１、１９１頁。

78 L. Bieler, The Patrician Texts, p. 139.

79 Ui Neill 6世紀の終わりまでにアルスター地方西部とレンタスター地方北部の大半を支配した。ミーズ州のタラにある南部の本拠地から、彼らはアイルランド全土の上王権を主張した。

80 盛節子著『アイルランドの宗教と文化』、48頁。

81 L. Bieler, The Patrician Texts, p. 139.

82 Egbert (678-766) ヨークの初代大司教。ノーサンブリア王ケオウルフの子。ノーサンブリア王となった兄弟エアベルトと協力して、教会と国家の関係を密接にならしめ、多くの改革を遂行した。

83 J. F. Kenny, The Sources, pp. 342-343

84 W. Stokes, The Tripartite Life, pp. 5-7.

85 L.Bieler, The Patrician Texts, p. 71.

86 Ibid., p. 71.

87 Ibid., p. 71.

88 Ibid., p. 71.

89 Ibid., p. 71.

90 Ibid., p. 71.

91 Ibid., p. 71, p. 73.

92 Ibid., p. 73.

93 原文をそのまま利用する

94 Ibid., p. 73.

95 Amathorex　反伝統派の学者オラヒリーによって、彼がオクセールにおけるゲルマヌスの先代司教アマトールと同一視されるが、実際にどうであるかは不明。

96 L. Bieler, The Patrician Texts, p. 125.

97 Ibid., p. 125.
98 Ibid., p. 165.
99 Ibid., p. 167.
100 W. Stokes, The Tripartite Life, Vol.2, p. 439.
101 Ibid., p. 439.
102 Ibid., p. 445.
103 Ibid., p. 445.
104 Ibid., p. 445.
105 Ibid., p. 447.
106 Ibid., p. 447.
107 Ibid., p. 343.
108 P. Grosjean, S. Patrice a auxerre sous S. Germain, Analecta Bollandiana 75, Paris, 1959, pp. 170-171.
109 D. A. Bincy, Patrick and His Biographers, Dublin, 1962, p. 86.
110 Tara 7世紀にアイルランド全土を支配したイ・ニール一族の聖地。初代のコルマック・マックアートによって、都とされ、彼の後の何代かの王には都として用いられるが、アイルランド全土を支配した7世紀には都としては用いられていなかった。
111 L. Bieler, Patrician Texts, p. 75.
112 Ibid., p. 75.
113 W. Stokes, The Tripartite Life, Vol.1, p. 41.
114 Ibid., p. 41.
115 L. Bieler, The Patrician Texts, p. 85.
116 Ibid., p. 85.

117 W. Stokes, The Tripartite Life, Vol.1, p. 43.
118 Ibid., p. 43.
119 L.Bieler, The Patrician Texts, p. 87.
120 Ibid., p. 87.
121 Ibid., p. 87.
122 Ibid., pp. 87-89.
123 W. Stokes, The Tripartite Life, Vol.1, p. 45.
124 L. Bieler, The Patrician Texts, p. 89.
125 Ibid., p. 91.
126 Ibid., p. 93.
127 Ibid., p. 95.
128 Ibid., p. 95.
129 Ibid., p. 95.
130 Ibid., p. 97.
131 Ibid., p. 99.
132 A. B. E.Hood, St. Patrick, p. 52.
133 Ibid., p. 52.
134 Ibid., p. 52.
135 L. Bieler, The Patrician Texts, p. 117.
136 Ibid., p. 117.
137 Ibid., p. 117.
138 Ibid., p. 117.

139 W. Stokes, The Tripartite Life, p. 113.
140 Ibid., p. 113.
141 Ibid., p. 113.
142 Ibid., pp. 113-115.
143 Ibid., p. 115.
144 Ibid., p. 117.
145 Ibid., p. 117.
146 Ibid., p. 117.
147 Ibid., p. 117.
148 Ibid., p. 119.
149 Ibid., p. 119.
150 Ibid., p. 119.
151 Ibid., p. 119.
152 L. Bieler, The Patrician Texts, p. 165.
153 B.Grogan, 'Eschatological Teaching of the Early Church,' Biblical Studies, The Medieval Irish Contribution, ed. M. MacNamara, Dublin, 1976, pp. 46-58.
154 Ibid., pp. 46-47.

Ⅲ　誠実に、懸命に

葛井　義憲

1　父のぬくもり

私の机の上に錆びた銀の万年筆がある。それは亡き父が愛用したものだ。父は今から15年前、小樽で亡くなった。１９９３年2月であった。父は亡くなる3日前まで雪かきをするほど元気だった。そしてこの年の8月、約束の10年間の働きを終えて、私たちの暮らす名古屋へ戻ってくるはずだった。教会生活が一緒にできると喜んでいた。

父は第二次世界大戦後、戦争から帰って夜間大学の法学部に入った。法曹界で働くことを実現するためのものだった。昼間は働き、夜は大学。父は相当、無理しただろう。そしてこの頃、父は結婚もした。私が生まれたのが１９４８年だから、物資の少ないなか、彼は電話局に勤め、大学に通い、家庭を守ったようだ。しかし、そこには、あまり悲愴感はなかったように思われる。これは私が小さい頃から聞いていた父のエピソードであるが、彼は職場でも、大学でも、自分の着ているものを褒められると、それを脱いでその人にあげたという。まだまだ、着る物も少ない時代、人の良い父の行為は喜ばれたことだろう。しかし、母には面白くなかっただろう。しかも、着る物がない父は着られる母のものを着ていたという。なんとも奇妙な光景が父と母の小さな家で織り成されていた。

父は1920年代の神戸で誕生した。生まれたときは、祖父は神戸で会社を経営し、父はなに不自由なく過ごすことができたようだ。しかし、旧制中学の2年のとき、会社は倒産し、父は夜間の学校に通うことになった。昼間は港湾労働など、色々な肉体労働にも従事したと言う。

しかし、その風雪は彼をねじまげるどころか、大らかに育てていった。それは彼の生来の楽天的な気質からか、また、祖父母の優しさによるのかは分からない。祖父は人のために生きること、世の悲しみや貧しさに手を差し伸べること、不正を憎むことを教えた。祖父は若き日から、一貫してセツルメント活動をつづけた。会社が倒産して以降も、この活動に関心をもち、支援しつづけた。そんな影響だろうか、父の書架にある山室軍平の『私の青年時代』(救世軍出版及供給部、1929年)や『石井十次日誌(明治21年)』(石井記念友愛社、1956年)のある箇所に朱線がひかれている。山室の著書にひかれたところは、山室が同志社を去って、「平民伝道」に向かおうとする箇所である。朱線は「「人の生くるはパンのみによるにあらず」といふのは、間違いのない真理であれど、それと同時に、人はまたパンなくして生くる者でないといふのも、疑ふことの出来ない事実である。(中略)私共は人を罪より救はねばならないと共に、之を現在切迫つまつた肉体上の悩みから救ふのでなくば、到底貧民弱者、殊に一切のどん底生活して居る人々を救ふことは、出来ないのであろう。」また、『石井十次日誌』のところは、十次が岡山の医学校を退学して「孤児教育」に携わろうかと苦慮する箇所である。朱線は父の好きなヨハネによる福音書（15・13）の抜書きのところからひかれている。「人その友のために死するこれより大いなる愛はなし　予は孤児の友なり　盲唖《ママ》の友なり　病者の友なり　寡婦の友なり　囚人の友なり」と。

　これらは祖父の生き方を彷彿とさせ、しかも、父の旧制中学退学の苦しみとも重なる箇所である。勉学好きの父にとって、退学は辛かっただろう。そして、成人してたまたま手にした書物の中に、自らの生の軌跡と重なるものを見つけ、朱線をひいたのだろう。父は聖書とともに、これらの人々の書物から大きな慰めと励ましを得ていたようだ。

　父は苦学がみのって、法曹界に入ることができた。しかし、その生活は地方から地方への転勤ばかりであった。私は小学校で4回、中学校で3回転校している。年明けの1月か、2月になると、父は私たちに4月から、今度は札幌の小学校だよ、滋賀県大津の小学校だよと、いとも簡単に告げた。私たち子どもたちはまだ「単身赴任」などという言葉も知らなかったため、父について行くのが当り前だと思っていたが、しかし、慣れたばかりの学校を変わるのはいやだった。

　私はなんども父や父の仕事を恨んだ。そんな私の思いを知ってか、知らずか、父は私と弟に、父が幼い日、祖父と一緒に神戸の元町に食事に行ったとか、須磨に海水浴に連れていってもらったとか、近くの摩耶山に祖父たちとよく登ったと楽しそうに語ってくれた。私たちは父と一緒の愉快な日々を十分にもてなかったのに、父はそんな私たちに無邪気に幼き日の神戸での楽しかったことを語ってくれる。私はなんど「なんと、独りよがりな、楽天的な人物なのだ」と呟いたことか。

しかし、私も成人して、父の仕事の底に悲哀や悔恨が流れていることを少し理解できるようになったとき、父の無邪気さや楽天的な面は数々の悲しみや悔いに濾過されて表われた明るさ、ぬくもりによるのだと推察するようになった。父はヨハネによる福音書1・1―18が特段好きだった。そこには、歯切れの良い言葉遣いと明晰だが、神秘的な語り口は彼の心を捕らえたようだ。しかも、裁判の調書から社会の暗部を見つめ、被疑者の言葉から人間のやるせなさ、悲しみを思い知らされる彼はイエス・キリストの働きが暗闇を光へと変え、絶望を希望へと転換させるものであることを、ヨハネによる福音書を通して知れば知るほど、この福音書にのめりこんだのだろう。彼もまた、「言《ことば》の内に命があった。命は人間を照らす光であった。光は暗闇の中で輝いている。」（1・4―5）との記述をなんども思い浮かべ、かみ締めたと思う。

のんきだが、悲しみを内にひめた父は大坂地方検察庁検事を最後に公証人となった。任地は小樽であった。公証人としての契約期間は10年。父と母の転勤、転勤の日々は、一応のピリオドをうった。そしてのどかな、ゆったりとした時間が父母の暮らす自宅兼公証役場に流れた。父は午前9時前に階下の公証役場にはいり、午後5時30分頃に二階の自宅に戻った。日常生活はきっちりと決められたスケジュールに従って動いた。父は、朝は天気がよければ、一年中、5時に起きて、一人で散歩にでかけ、海の方へ降りていったり、裏山に登って、遠くに浮かぶ船を見たりした。ロマンチストであり、また、少年時代から海の好きな父は海の見える坂の町、小樽を神戸に次ぐ第二の故郷として愛した。しかし、そんなのどかな公証役場生活のなかでも、悲哀は消えなかったようだ。日々、作成する公正証書から、人々が味わう辛さや悲しみや寂しさが窺い知られたからだ。

父は小樽に行ってから、新渡戸稲造の書物を愛読するようになった。もしかしたら、若いときから読んでいたのかもしれないが。とりわけ、新渡戸の『修養』には、沢山の書き込みがあり、かぎ括弧がつけられ、鉛筆で線がひかれている。その中に、かぎ括弧がつけられた次の文章がある。「今日基督教が、幾億万人に慰安を与へて居るのは、耶蘇《やそ》といふ人が、常に逆境にあつて、具《つぶさ》に人生の辛酸を嘗めた為であろう。ゲーテは基督教のことを、悲哀の神殿(Temple of Sorrow)といふた。これは我々に最も趣味深い言葉である」(『修養』教文館、1970年)と。

小樽の父は札幌農学校を卒業し、同校で教鞭もとった新渡戸に親しみを感じていた。しかも、新渡戸その人も悲哀を友として生きたことを知るにつれ、親近感以上に多くの示唆、慰めを得たようだ。

小樽での生活を満喫し、1993年8月に名古屋に戻る準備もできていた2月のある日の明け方、母から、「お父さんが病院に入院し、容態は思いのほか悪い。小樽へ来て欲しい。」との電話がかかった。私はその数日前、風邪気味であったが、しっかりした声の父と電話で話したばかりだった。その父が危篤に陥ったという。その日の朝一番の札幌行きの飛行機に乗って、私は千歳へ向かった。その日、千歳は雪であった。千歳から小樽へ向かう電車に乗り、小樽駅から激しく降る雪の中を、タクシーで父の入院する病院に向かった。病室には、意識のない父が沢山の医療器具をつけて横たわっていた。私は横たわる父に近づき、「お父さん、来たよ。お父さん、どうしたの。お父さん、名古屋から来たよ。」と何度も呼びかけた。聴力はまだ失われていなかったのだろうか。閉じた眼から涙が流れた。一晩を父と過ごし、翌日の晴れた日曜日の朝10時30分に、父は「まことの光（ヨハネによる福音書1・9）」につつまれて帰天した。

雪が静かに降る前夜式と葬式、フォーレの至福に満ちたレクイエムが奏でられる小樽の教会（藤井弘牧師）へと、数百人が父のために集まった。あの時から15年が過ぎた。しかし、私の机に置かれた錆びた銀の万年筆は時折、父の面影を偲ばせる。世の悲哀を見つづけた父はこの愛用の万年筆で何を書いたのだろう。この万年筆は父の心底の一部を映し出していたはずだ。けれども、私はこの万年筆ほど、父の内実を知らない。今、父が人生や仕事の中で味わった喜び、感謝、悔恨、寂寞をある程度理解できるようになったとき、父はもうこの世にいない。しかし、父がヨハネによる福音書を通して学び、辿ったキリストの道、真理と命への道（14・6）を私も祈りつつ歩める。

2 父の後を追って、西村伊作

はじめに

歌人、石川啄木は「時代閉塞の現状」という論文を書いた。それは日露戦争（1904年―1905年）から5年経った1910（明治43）年8月のことであった。啄木は言う。「強権の勢力は普《あまね》く国内に行亘ってゐる。現代社会組織はまた隅々まで発達してゐる。さうして其発達が最早完成に近い程度まで進んでゐる」（『石川啄木集』所収、筑摩書房、1970年、263頁）と。

この文章の内容を如実に表わす出来事が同じ1910年に起こった。それは「天皇の暗殺」を「計画」したとの嫌疑から生じた事件、「大逆事件」であった。そしてこの「事件」の被疑者の中に、西村伊作（1884年―1963年）の叔父大石誠之助もいた。

日露戦争後、日本は天皇制国家の強権化と安定化へと益々向かい、人々の心の内から「批判精神」「理想」などを奪おうとし、国家への批判者を弾圧しようと目論んだ。しかも、この強権化、安定化は国内を越えて、「日韓併合」（1910年）にも現わされたように、アジアへの侵略をも行わしめるものであった。

かかる時代の趨勢のもとに生きた西村伊作は「個性の発展」「人間本来の自由」「万人の発達」「人類愛」を説くキリスト教社会主義的傾向をもつ大石誠之助を叔父にもち、また、聖書の言葉に強く心を傾けて聞くキリスト教伝道者、大石余平を父にもった。

近代化する日本社会で、理想を求め、夢を求めて生きるこの二人の姿は時には「危険」「風変わり」とも想われた。このような環境で育った西村伊作の行実は夢見ることを忘れがちな現代人に色々な有益なことを語りかける。

一　父大石余平と叔父大石誠之助

私は子供の時から西洋風の家が大好きでした。大きくなつたら屹度、あゝ云ふ家に住みたい、白いテーブルクロスを掛けた食卓に美しい花を生けて、楽しい食事をしよう。軒には蔓草であゝ云ふ風に緑の日覆を作らう。カナリヤの籠のかゝつた窓から白いレースの窓掛を通して日光が射し込んでいる家に住みたいなどと思ひました。（中略）私の少年時代は身体が弱く、細長い青白い顔をして居たので、学校で皆んなに、お嬢さん、お嬢！　などゝ呼ばれたりしたのです。そう云ふ訳でもあらうか、私は家庭生活の事に興味を有つて居たのでした。（中略）また私は少年の時、時々宣教師などの家へ行つたりして、西洋人が日本風の家を借りて、それに手際よくカーテンやクッションやスカーフを用ひ、気持ちのよいサッパリした生活をして居るのを見て、その囚はれて居ない、自由な、楽しさうな住み方を感心したものです。

（『楽しき住家』、6頁—7頁）

この伊作の『楽しき住家』は大石誠之助が「大逆事件」で逮捕され、幸徳秋水たちとともに処刑（1911年1月）されてから8年程経った1919（大正8）年9月に出版されたものである。そしてこの文章は世間から「国賊、非国民」と非難されることに縮こまることもなく、伸びやかに書き記されている。伊作はキリスト教社会主義者誠之助の処刑後に表した、父大石余平との「懐かしく、楽しい日々」をこのように描いている。そしてこの洋館建設を推奨し、その住み方を指南する書物は江湖から迎え入れられ、同年10月には速くも再版されている。

この好評を博した『楽しき住家』は伊作が1910、11年の痛苦を越え、また、1891（明治24）年10月28日の悲痛をも乗り越えて表わされたものである。

「洋館（＝西洋風の住宅）」に思いを馳せる「建築家」伊作の心の内に、いつも父余平と母フユがいた。その父、母は濃尾地震（1891年10月28日午前6時38分）で亡くなった。その朝、名古屋英和学校（＝名古屋学院の前身）チャペルで、名古屋市内のキリスト者が祈祷会を開いていた。地震で倒壊するその建物の中に父母、伊作もいた。彼は晩年に綴った『西村伊作人生語録われ思う』の中で、「私の父はクリスチャンであり、叔父は社会主義者であり、共にその宗教と主義のために死んだ」（56頁）と記している。彼は父余平の死、叔父誠之助の死を「自分たちが信奉する精神に殉じていった」と捉え、その「生き方、死に方」を受容しようとしている。けれども、これはそれまでの数々の試練、艱難と向き合い、苦渋する中で得た境地であろう。なぜなら、近代日本の中に導入されたこの二つの「反権力思想」と父、叔父の「殉死」は容易に受け入れられるものではなかったからである。

和歌山県新宮の大石家に、この「反権力」のキリスト教が持ち込まれたのは1882（明治15）年、その折、梅花女学校で学んでいた余平の妹睦世が漢訳聖書を携えて帰省したことにはじまる。この大石家は代々漢学者や医者を輩出させた「家柄」であり、また、睦世を大阪のキリスト教主義学校へ通わせたことから考えても、進取の気象に富む「一族」であったと思われる。

そうした進歩的な余平は睦世が梅花女学校へ帰省した翌年、1883年5月、早くもカンバーランド長老キリスト教会宣教師J・B・ヘール（J. B. Hail）と一緒に南紀伝道に励んでいる。そしてこの南紀伝道で、余平は和歌山県南部の酒造業で、代々神官をも務めた「家柄」の山内量平に回心を迫り、そしてイエス・キリストに従うことを決断させた（佐波亘編『植村正久とその時代』第1巻、733頁―742頁）。これほどまでの熱信を現わす余平であるが、現在のところ、彼の受洗日や彼の入信の動機は余り分からない（森長栄三郎著『禄亭大石誠之助』、9頁）。けれども、余平の手ほどきで回心した山内量平は、量平の妹、フェリス女学校で学んだ秋華（＝季野）のたちの感化（季野は前年の1882年に植村正久（下谷一致教会牧師）と結婚）などもあって、遂には日本福音ルーテル教会最初の日本人牧師となった。

このように人々に回心を迫る余平の熱き信仰は、1877年に結婚した妻フユ、父増平、弟玉置酉久、大石誠之助をキリスト教へと導いた。また、フユの弟、奈良県吉野郡の西村五郎作が亡くなった時（1886年）、その葬儀をもキリスト教で行わせた。「文明開化」との希望あふれる言葉でも表わされる明治であるが、まだ、体制が変わって20年も経たない南紀に、イエス・キリストの言行に打たれ、キリスト教が教える「世界」構築に励む人々が現われた。左記の一文は伊作の追憶・聞書きであるが、この頃の余平たち信仰者の交わりの様子を教えてくれる。

新宮の町では初めのうちはキリスト教に改宗した人が十人余りあった。その人たちは非常に仲良くして、本当の兄弟のように交わり、熱心にキリスト教を研究した。皆が心の眼がさめたような気持ちで、新しい生命を得た喜びによって信者たちの心がつながり、彼らはみなほんとうの肉親よりも親しい気持ちになって交わった。

（『我に益あり』、39頁）

熱心で、素朴な信仰者の小さな群れが信頼をもって団結し、新宮で信仰を証しする情景が描かれている。彼らはこの信仰者の交流を通して、禁欲的（芝居見物禁止、禁酒）に生き、生活習慣の改革（週に一度休む、洋装をする、パンを焼く）に取り組み、「家」の宗教を軽視・排棄（仏壇から仏像や位牌を除去）していった。しかし、かかる所業は1880年代の南紀で、彼らの親族や近隣の人々から受容・了解されるのは難しかっただろう。それよりも軋轢・混乱をもたらすことになっただろう。

伊作の誕生（1884年9月6日）後、母フユの弟、西村五郎作が死亡したので、余平はフユ、伊作と一緒に吉野郡下北山村へ移った。そして彼らは義母もんと暮らした。その時、余平はこれまで学んだ宣教師や聖書の教えに従い、生活・宗教・精神改革（山林労働者に日曜休暇を与え、仏像・位牌を物置に移させ、いかなる財産も個人のものでなく、神のものであると公言）を断行した。その結果、彼らは西村家の親族から放逐された。

宣教師を通して知る「西欧の生活文化」に着目・導入し、聖書の言葉一つひとつに深い信頼を置いて生きる彼らはある意味で「日本の習俗・伝統・精神」を破壊する者たちだった。また、周囲から排斥・忌避の対象となるべき存在であった。しかし、一方、こうした拒絶・排除は余平たち信仰者を結束させ、信仰を強固にさせる要因でもあった。この折を回想した伊作の文章がある。

新宮におけるクリスチャンとしての私の父は他の信者たちとほんとうの兄弟のように仲良く暮らした。(中略)宗教的につながれた心で互いに愛し合い、他の人々が「あれは変わった人たちだ」と言って横目で見る間に、自分たちは実にお互いの心がわかり合って仲良くできた。

(『我に益あり』、54頁)

伊作はここに、信仰に基づく兄弟愛に満たされ、相互の信仰の成長を促し合う宗教的結社を描いている。それは心温まる励ましと癒し合いの「空間」であった。このユートピアを求める余平は故郷新宮に教会を立て(1884年)、幼稚園を設け(1888年)た。また、余平たちが新宮を去って、愛知県熱田に移転(1889年)した後の1890年にも、事業(亜炭の採掘と販売)をしながら、自宅に「キリスト教講義所」の札を掛け、「この日本に『天国』をもたらそう」として伝道をおこなった。

しかし、こうした熱心な余平の信仰生活、伝道生活は、一面、伊作には辛く、厳しいものでもあったようだ。彼は、熱田時代を思い出し、熱田は「宗教」の盛んな処であり、「保守的」であり、「新しいものに対して反感」をもつ土地柄であるため、父のキリスト教伝道はそこでは嫌われ、迫害（「耶蘇を屠れ」「耶蘇は国賊」）されたと言う。また、熱田の小学校では、洋服を着た少年伊作は珍しく、「耶蘇の子供、耶蘇の子供」と囃したてられ、足をもって引きずりまわされ、顔を地面にこすり付けられる体験を何度もしたと述べる（『我に益あり』、70頁—71頁、73頁）。

父の生き方は少年伊作に悲哀をもたらすものでもあった。けれども、伊作にとって、幼くして別れた父は敬慕の対象でもあった。彼は父を亡くした後、「父が大事にした精神や言行」を意識して覚え、守ろうとしている。また、伊作の心に甦ってくる父にまつわる思い出は、「緑の木の葉、赤いナンテンの実、つた」で、新宮の教会のクリスマスの飾りつけを行ったこと、大勢の人々とクリスマスに自家製のケーキを食べたこと。新宮の教会員と一緒に天火でパンを焼いたこと。懐かしく、温かな情景であった。そして小声で賛美歌を歌いながら、仕事に精を出す父の姿であった（『我に益あり』、51頁—52頁、55頁）。伊作は活発に伝道する父よりも、のどかで、自由で、温かなキリスト者の群れの中で生きる父を懐かしく思い出す。

濃尾地震で、父母を亡くした後、伊作と弟たち（真子と七分）は奈良県吉野郡の祖母もんに引き取られた。そして伊作は1892（明治25）年、もんより家督を相続し、地元下北山村の桑原尋常小学校へ通った。尋常小学校卒業後、新宮の高等小学校へ上がり、中学は広島県の明道中学校（1898年）へと進んだ。それは叔母睦世が、その折、日本組合広島教会の牧師（井手義久）夫人となって、当地で暮らしていたからである。睦世と医者となってアメリカより1895年に戻った誠之助（オレゴン州立大学医科卒業）は山林富豪の当主となった伊作の将来と人格教育を慮り、父余平の信仰したキリスト教をもって人間形成を行おうと考えた。彼は広島の牧師館で従兄弟の井手義行（後の東京外国語学校校長、英文学者）とともに暮らし、礼拝に出席し、教会にくる青年たちとも交わり、英語や写真や絵画にも興味をもった。

こうした広島での生活を1903年に終えて、祖母もんの待つ吉野郡下北山村へ戻った。下北山村での彼は丸善（東京）から取り寄せた内外の書物を読みあさり、時には、新宮へおりて、叔父誠之助と「社会のこと、思想のこと、日露戦争のこと、家庭生活のこと」などを深更まで語り合った。この頃のことである。伊作は「平民新聞」第35号（1904年）に「平民文庫」行商の記事を綴っている。この記事によると、彼は新宮から京都まで、自転車と汽車で旅をした。自転車は新宮から和歌山まで、汽車は和歌山から京都まで。そしてその道中、「平民文庫」を売った。そんな伊作の「平民文庫」売りの記事の中に、次の一文がある。

自転車の上からは熊野の海岸は美しく見えましたが、だんだん和歌山まで来ますと日の丸の赤色がキック目にさわり号外の鈴がやかましく耳にひゞき、汽車の中では戦争商人が賄賂の使ひ分けを説明しつゝあるのを聞きました、踏切などに出征軍人を送る球燈の雨に打たれ風に破れたる景色、淋しいやら凄いやら。

（「平民新聞」第35号平民社、１９０４年、７頁）

彼は熊野の海岸線の美しさと残虐な戦争を象徴する「日の丸、号外の鈴音」を対照的に描き、戦争で儲けようとする商人と、雨風にさらされた「球燈」のように、悲しみを湛えつつ戦地へ赴く出征軍人を重ねて綴っている。下北山村の富豪、伊作の眼はたとえ、豪華な自転車などで「行商」するのは「本当の社会主義者ではない」と非難されても、平和をこわされ、犠牲を強いられる人々の方へ向けられている。

余平たちから知らず、知らずに植えられたキリスト教精神、「人間の尊厳」「不義と暴力に対する反発」「生命への慈愛」などがこの記事の中に示されている。他方、誠之助たちからも教えられた「批判精神」あるいは「社会や人間の裏面と矛盾」に注ぐ眼は「残虐な戦争と美しい海岸線」「戦争商人と出征軍人」を対置して捉え、そこに、「強者や富者に甚だ都合」がよく、「弱者や貧者を犠牲」とする資本主義の矛盾、醜悪さがあることを見抜いている。

しかし、その伊作に「社会や人間の裏面と矛盾」を伝え、「貧者」の医療にも携わった誠之助は1911年1月24日に処刑された。そしてこの国家弾圧は誠之助の周辺にも直接、間接に及んだ。誠之助の兄玉置酉久は新宮町会議員及び東牟婁郡郡会議員の席を剥奪された。

こうした不条理な出来事、卑劣な迫害は「大逆事件」に関与した人々の周辺で少なからず起こった。けれども、そうした冷酷非道さが遺族とその周辺に向けられる中で、誠之助の葬儀（名称は「遺族慰安会」）が1911年1月28日、植村正久が牧する教会、富士見町教会でとり行われた。そこへ出席した者は植村正久、綱島佳吉（番町教会牧師）、鵜沢総明（弁護士）、井手睦世、玉置酉久たち32名であった。その日、教会の外では、数名の警察官が警戒していた。

この植村のキリストの愛に基づく勇気ある行為（処刑者の葬儀は禁じられた）は新宮にあって悲嘆にくれる誠之助の妻大石栄を深く慰めた。彼女はその後、伊作の友人である牧師で、作家の沖野岩三郎の指導のもとで、キリスト者として新宮教会で奉仕した。東京へ二人の子どもを連れて出た後は植村たちの世話で伝道者となり、富士見町教会で働くようにもなった。

「大逆事件」は有形・無形の抑圧・迫害をその後の伊作にも与えた。「危険思想家」として刑事から執拗に尾行もされた。幼き日からのしかかる抑圧と迫害。伊作は西村家12代目の当主として、「大逆事件」以降、父の信仰、叔父の主義とある程度距離をおきながら、しかも、「自己」を見失わず、なるべく自分の納得ゆく生き方を見出さねばならなかった。なぜなら、彼は西村の「家」とその財産を種々の迫害や抑圧から守らなければならない役割を担っていたからである。

二　城郭としてのホーム

我々が生れた来たのは、どう云ふ目的のためであるかは判りませぬが、我々はよろこび、楽しみを与へられて居ります。そして其のために生きて居る様に思はれます。苦しみを忍ぶ生活も、真の楽しみを掘り出さうとするための様に見えます。真の楽しみを感じてそれを得るならば、自ら我々の生まれた目的に叶ふのであらうかと思ひます。私は家、住居を楽しい生活の基点として考へようとします。（中略）我々は第一に我々自身と家族とのための城郭を作りたい、家庭の家、スヰートホームのホームを作りたいと云ふ考へが起り［ます］。

（『楽しき住家』、11頁―12頁）

「大逆事件」後、社会からの直接、間接の圧迫は伊作に「城郭」、つまり、「外敵」の侵攻にも負けない「空間」形成を考えさせていった。そしてじじつ、英国のウィリアム・モリス（William Morris）の活動にひときわ関心を払いつづけ、アメリカの建築を独学した伊作は1914（大正3）年から西洋風の堅牢な住宅設計を行い、新宮で建築に取りかかった。この折、伊作の家族は妻光恵（1907年結婚）、長女アヤ、長男久二、次女ユリ、三女ヨネ、そしてこの住宅が完成する同月（1915年8月）に次男永吾が誕生している。彼は自らの家族が「ホーム」の外の冷たく、厳しい圧迫から守られ、その内で、一人ひとりが伸びやかに、楽しく、それぞれの能力を限りなく伸ばせる「世界」を築きたかった。それは強圧的な国家体制の枠組、天皇制支配から逃れられない彼らのある種の抵抗であり、また、可能な限りの自己防衛でもあった。

伊作は『楽しき住家』発行から2年後の1921（大正10）年に上梓した『田園小住家』の中でも、「幸福を求めることに何の遠慮もいらない」（10頁）と述べている。「城郭」的ホームの発見と建設は「国賊」伊作に悲壮感を越えて喜びや楽しみを与え、伸びやかさまでももたらした。そしてこの伸びやかな明るさは父余平の素朴な、明日への希望に満ちた信仰、叔父誠之助が説いた、いかなる権力にも屈することのない「人間が本来有する自由」観にもあずかっていたと思われる。伊作もまた過去をふり返らず、明るく、希望にあふれる明日を信じ、それに向かって生きようとする。そしてこの明日への信頼は「外圧」に押しつぶされない「城郭」的ホームに新たな希望を与えることができた。彼は『楽しき住家』で以下のようなことを語っている。

理想を追ひ求めることは人間の作られたやうに動くことで、決して悪いことではないと思ひます。だから我々がもつと理想の生活をしたいならば、力の及ぶ限り、他の圧迫に逆つて、自己のエネルギーを自分らしく発揮す可きものでせう。それには、今の社会を其のまゝにうけがひ、社会の習慣にこびり付いて居ては、何も出来ません。（中略）理想の社会を作らうとするのに、先づ小さい、出来得る位の大きさの社会から初めやう、それには、新しく一部落を組織しようと思ふのは当たり前の順序でせう。（中略）私は経済的、社会制度的の理想はあまり持ちませんが、住居の様式、生活の方法で、何か改革して見たいと言ふ心が多いのです。だから、私は新しい生活の村、新しい住家の村を作りたいのです。日本人がもつと新しい方法で生活し、愉快に、快活にそして野卑でない生活、趣味ある生活の出来る模範を示すために、どこかへ新しい村を作りたいのです。

（252頁―253頁）

「城郭」的ホームは「外圧」に耐え、さらに、その「外圧」を押し戻して拡大し、そしてそれは「新しい村」へ発展してゆく。そしてそこに暮らす「村人」は豊かな趣味を楽しみ、日々を喜びにあふれて生活する者たちである。伊作はこの「新しい村」をもって「生きる喜び（＝生活改善）」を社会にいくらか示そうとした。そしてその希求は東京の神田駿河台に土地を購入した頃（1920年春）より少しずつ実現されようとしていた。その前年の1919年5月に、下北山村の祖母もんは亡くなった。彼は購入した神田駿河台の土地にホテルを建て、そこで、芸術家や学者や小説家たちが気楽に滞在し、創作活動をしたり、団欒したり、また、講演会や音楽会が開けるようにと計画していた。そしてそこに集う面々はそれまでに交友関係のあった与謝野寛・晶子、石井柏亭、富本憲吉、有島武郎たちと、具体的な「創作家」の顔が思い浮かんでいたことだろう。

しかし、「大逆事件」以降の伊作が描いた「新しい村」は叔父誠之助が心を寄せた「弱者・貧者」をこの「村人」の一人として数えていなかったようだ。伊作は新約聖書の中のたとえ話、「富める青年」（マタイによる福音書19・16—22）の苦悩や悲しみが痛いほど分かったことだろう。「富める青年」は「自らの富」を手元に残すか、また、それを捨ててイエスに従うか、と逡巡する。伊作もまた、この青年と同様、イエスの言葉に耳を傾けたいとの望みをもつ一方、祖母より受け継いだ莫大な「財産」を処分することはできなかった。そしてこの青年が悲しみながらイエスのもとを立ち去ったように、伊作もまたイエスから遠のかなければならなかった。伊作は「罪」を剔抉し、厳しく迫る神を怖れ、その神と「垂直」に向き合うことを避けたかった。

「城郭」のホームが拡がってできる「新しい村」は「垂直」の神に対しても、他方、「水平」の「弱者・貧者」に対しても拒絶するとの構えをもって実現しなければならなかった。そして1921年4月、「新しい村」の具現化の一つとして、伊作を校長とする文化学院が創立された。場所は彼がホテルを作ろうとした東京の神田駿河台であった。

伊作は長女アヤが高等女学校への進学が近づく頃より、高等女学校教育のあり方に疑問をもつようになっていた。その一つは彼の新宮の自宅から見える新宮高等女学校の女生徒の様子であった。彼女たちは学校の正門の出入りの際に、いつも正面玄関の奉安室に向かって丁寧にお辞儀をする。そこに、天皇・皇后の「御真影」があることを知ってか、知らずか、彼女たちは学校から命じられたとの理由で頭を下げつづけた。こうした光景を見るにつけ、彼は高等女学校教育が自由も、個性の尊重も、個人の能力の成長発達をも抑制して、画一的・機械的教育を推し進めていると判断し、そのことに憂慮しなければならなかった（『愛と叛逆』、428頁―429頁）。幼き日より、父や叔父から、「人間の尊厳」「個性の発展」「人間自然の自由」「万人の幸福」「人類愛」などの大事さを教えつづけられた伊作にとって、この高等女学校教育は受け入れ難かった。

文化学院創立の前年、1920年夏、彼は長野県沓掛の別荘で与謝野寛・晶子たちと一緒に過ごした。その折、伊作は与謝野夫妻にアヤの高等女学校進学を相談した。すると、彼らは伊作が「アヤのための学校を設立したらどうか」と勧めた（同書、40頁—41頁）。その勧めが契機となって、文化学院が誕生した。校長は伊作。そして校長を補佐する学監は石井柏亭と与謝野晶子。学監の顧問として、外国文学に戸川秋骨、日本文学に与謝野寛、音楽と舞踏に山田耕筰が就任した。

この陣容からも分かるように、芸術創作を重視し、個人の創造能力を自由に、思う存分伸ばそうとする学科内容であった。この他に、語学（英語・フランス語）と科学も重視した。また、この学院の精神的糧となる「道徳的・宗教的教育」推進の「精神講座」は阿部次郎、有島武郎、吉野作造、寺田寅彦、木下杢太郎、北原白秋などを講師として迎えた。この開学時、教師は40人ほど、生徒は12歳位を中心とした女子が35人ほどであった。

文化学院主任の河崎なつ（婦人運動家、後に日本母親大会委員長など）は文化学院草創期のある日の情景を「学校の朝」というタイトルの文章に綴っている。彼女によると、有島武郎が「文学」の講義で『生まれ出づる悩み』を講じ、与謝野晶子は森鷗外訳の『即興詩人』を講堂で朗読して、生徒たちに聞かせている。イギリスのコッテージ風の校舎と、芝生が引きつめられ、種々の草花や木々に囲まれた庭で、3、40人の女生徒が自由な服装で学んでいる（同書、43頁）。

伊作の温かなホームを拡大した「理想の村」の一部が文化学院として出現した。創作活動を尊ぶサロンのようなホテルづくりは家庭的で、自由と芸術を大事にする学校の設立へと変わっても、伊作にとって、それは問題でなかった。彼は1927（昭和2）年に出版した『我子の学校』で、「我々の理想の行い易い」のは「家庭」についで小さな団体の「学校」である。学校に所属する人々は礼儀正しく、愛の心に満ち、品位がある存在であり、また、真剣に、誠実に、良識をもって生きる人たちであると語る（230頁―232頁）。

彼は文化学院の教育実践、その経営に参与する中で、学校（＝文化学院）は彼が描く「ホーム」と「理想の村」の確かな仲立ち、「理想の村」実現に向けての信頼しうる媒体であるとも確信した。

「城郭」としてのホームは「外圧」に負けず、抑圧・迫害を愛と平和でやわらげる人々を育む所まで成長した。彼は如上の『我子の学校』の中で、教育の使命は先ず「人間性の発達・向上」、そしてそれをもって「立派な国家」建設を行うことだと語る（58頁）。幼き日から抑圧と迫害にさらされ、それ故に、益々自由と成長と幸福を求めた伊作は抑圧の象徴でもある天皇制支配の中で、自らの「理想の空間」の一つとして、小さく、清楚で、喜びに満ちた文化学院を築き、それを維持・運営していった。そして彼はここで、自主自立の人、愛と平和と真理に生きる人、品格と静謐と誠実を尊ぶ人を育てようとした。「反骨の人」伊作は現実の「政治的抑圧」に対し、人格教育、芸術・倫理・宗教の尊重、生活の改善を行うことをもって向き合おうとした。

三 「理想の世界」実現のための小石
―おわりにかえて―

この地を滅ぼすことがないように、わたしは、わが前に石垣を築き、石垣の破れ口に立つ者を彼らの中に探し求めたが、見いだすことができなかった。
（エゼキエル書22・30）

伊作は1943（昭和18）年4月、「不敬罪」の嫌疑で拘引された。理由は彼が非戦論者であり、皇室に対する不敬の徒と見なされたからである。彼は文化学院で戦争と戦時体制に対する雑感をしばしば述べた。「アメリカ、イギリスを敵とすることは日本人の大きな損出」「大東亜が結束して白人からの圧迫からのがれるのだという〔大東亜共栄圏建設の〕理屈はみな日本の利己主義」（『我に益あり』、360頁、366頁―367頁）。「世の中があなたたち〔文化学院の学生。文化学院は1925年に男女共学となり、また、大学部（本科・美術科）も新設した。〕を戦争の方に引っ張ろうとしている。だから、わたしはあなたたちを反対の方向へ引っ張ろうとしているのだ」(『愛と反逆』、340頁)と。

こうした辛辣・率直な発言、時勢に追従しない「自由主義教育」、「軍国主義教育よりも人間性の発達教育」を主張・実践する教育姿勢は天皇制ファシズムには棘であった。その棘を抜くために、伊作は巣鴨拘置所に拘禁された。そしてこの拘禁(1943年10月まで)の間、差し入れられた賛美歌の中の第285番を毎日歌った。「主よ、み手もて/ひかせたまえ/ただわが主の/道をあゆまん/いかに暗く/けわしくとも/みむねならば/われいとわじ。」

独房の中で、小さな声で歌う賛美歌第285番は「赦しの神」「愛の神」が身近に在ることを彼に実感させた。彼のこれまでの日々は日本が平和で、楽しい「理想の世界」に生まれ変わることを「赦し」の神に祈り、働くことでもあった。

「愛のキリスト」を慕って、キリスト教会の周辺で生きた西村伊作はこれまでほとんどキリスト教史で取り上げられなかった。それは彼に捺された烙印、「危険思想家」、「弱者・貧者と距離を保つ富豪」、「神中心でなく、人間中心の生き方をおこなう自由勝手な、不遜な輩」だと、さまざまの悪意をも帯びた評価によるものであった。しかし、こうした風評は彼の実相を歪めてしまう。

たとえ、伊作が「峻厳な神」と向き合えなくても、彼の中にも、熱い神への祈りはあり、聖書と格闘し、キリストを慕う生き方は確かにあった。熱心な信仰者の父余平と過ごした日々、叔父誠之助の「弱者への愛（「貧しい人々」から薬価を請求せず、また、彼らから払われる小額の謝礼も快く受け取った。）（大石誠之助著「国体論（二）」、1906年、3頁）」などは一生消えることなく、彼の人生の節目、節目で思い出され、生きる指針となっていたはずだ。そしてこの伊作の苦悶や喜悦や祈りは、苛酷で、矛盾に満ちたこの世を生きる人々に生きる力や希望を与えることだろう。

資料、参考文献

佐波亘編『植村正久とその時代』第1巻教文館、1976年（復刻版）。

佐波亘編『植村正久夫人季野がことども』教文館、1976年（復刻版）。

J・B・ヘール著『日本伝道二十五年』大阪女学院、1977年。

森長英三郎著『禄亭大石誠之助』岩波書店、1977年。

沖野岩三郎著『煉瓦の雨』福永書店、1918年。

佐藤春夫著『わんぱく時代』偕成社、1964年。

『富士見町教会八十年史要』日本基督教団富士見町教会、1978年。

西村クワ著『光の中の少女たち―西村伊作の娘が語る昭和史』中央公論社、1995年。

加藤百合著『大正の夢の設計家―西村伊作と文化学院』朝日新聞社、1990年。

『愛と反逆―文化学院の五十年』文化学院出版部、1971年。

西村伊作著『楽しき住家』警醒社書店、１９１９年。
西村伊作著『田園小住家』警醒社書店、１９２１年。
西村伊作著『我子の学校』文化生活研究会、１９２７年。
西村伊作著『我に益あり』紀元社、１９６０年。
西村伊作著『西村伊作人生語録　われ思う』文化学院、１９９１年（復刻版）。
大石誠之助著「国体論」（二）（「熊本評論」15号所収）熊本評論社、１９０８年。
A. E. McGrath, Christian Spirituality (Oxford: Blackwell Publishers, 1999).
J. Gnilka, Jesus of Nazareth (Massachusetts: Hendrikson Publishers, 1997).
J. Mackey,Jesus The Man and the Myth (London: SCM Press, 1979).
S. E. Porter (ed.), Reading the Gospels Today (Michigan: W. B. Eerdmans Publishing Co., 2004).
W. R. Barr, The Church in the Movement of the Spirit (Michigan: W. B. Eerdmans Publishing Co., 1994).

3 「父」から離れる、有島武郎

はじめに

近代人こそ「自己中心の野蛮人」である。内村鑑三は1914（大正3）年の「近代人」（「聖書之研究」162号所収、1914年1月）という小見出しが付された文章の中で、このことを語った。「彼（＝近代人）に多少の知識はある（主に狭い専門的知識である）、多少の理想はある、彼は芸術を愛し、現世を尊ぶ、彼は所謂「尊ぶべき紳士」である。然し彼の中心は自己である。近代人は自己中心の人である。自己の発達、自己の修養、自己の実現と、自己、自己、自己、何事も自己である。（中略）近代人は堕落せるアダムと同じく、自身神とならざれば止まないのである。寔《まこと》に彼はアダムの裔である。（中略）余輩は曰へり、近代人は自己中心の野蛮人なりと。」（『内村鑑三全集』20、239頁—240頁）。

キリストの血潮によって罪が贖われる十字架の信仰、贖罪信仰に生きる内村は「自己中心」の近代人とは異なり、神にあって生きる「旧人」、人と人との間の憎悪が平和へと変わることを神に祈って働く「旧人」である。その「旧人」の弟子に、有島武郎（1878年―1923年）がいた。彼もまた真理を求め、理想を求め、キリストに倣って生きようとした。けれども、彼はキリストの十字架のみに立つ「旧人」になることができなかった。しかし、私たちは、それだからと言って、彼を「棄教者」として切捨て、彼の「内なる声」「求道への叫び」に耳を塞ぐことはできない。それは内村鑑三研究を発展させる上で、また、近現代に果たす宗教の意義・役割を考える上でも必要であるからだ。それ故、小論では、「棄教」した以降の有島に重点を置いて、彼の思想展開を考察、素描してゆくことにする。

一　有島の「神」

有島は自らの求道を日記「観想録」に記している。その「第2巻」に、次のような有島の自己凝視を綴った一文（1898（明治31）年12月31日付け）がある。

〝貧乏人、無知ノ人、罪人、嗚呼窮セザレバ基督ノ酒宴ニ侍ルモノナキガ如〟シトハ実ニ真理ナリ。余ノ家ハ幸カ不幸カ不足ナキマデニ富メリ。余ハ自力ノ屁理屈ヲ製造シ得ル程ノ智識ヲ有ス。余ハ余ノ歴史ニ於テ悲劇ニ接シコト殆ント皆無ナリキー恐クハ縷々来リシナラン、サレドモ余ノ罪深キ不注意ハ之レヲ放任シタリキー嗟、余ハ実ニ基督ノ酒宴ニ侍リ難キモノナリ。サハレ神ハ全ク余ノ行路ヲ杜絶シ給ハジ。余ヲ窄キ門ニ導キ給ハンガ為メニハ余ハsinfulナルコトヲ覚悟ス可キ一事ヲ残サレタリ。余ノ行路ニハ陥穽ト障害多シ。而カモ余ハ行ク可シ、行カザル可ラズ。

（『有島武郎全集』第10巻、113頁）

彼は富裕な環境（父、武は横浜税関長、国債局長などを歴任）に守られて、種々の辛酸をなめる体験をしなかったことを嘆き、また、訪れたかもしれない色々な窮状に鋭く反応できない感性の鈍さを恨んでいる。彼はこのような無関心、冷淡さを生じさせる原因を、有島の「家」の裕さとその富める環境のもとで得た自己を正当化する「屁理屈」にあると見ている。しかし、彼は一方、ルカによる福音書14・13（宴会を催すときには、むしろ、貧しい人、体の不自由な人、足の不自由な人、目の見えない人を招きなさい。）に促され、自己も、他者も含めた人間に生じる悲劇、苦悩、絶望に対して反応し、その側に寄り添おうとの感受性も備えていた。それ故、彼は「人間ニシテ真ノsimpasy《ママ》ナキモノハ殆ンド人間ニアラズ。simpasyナキ人間ガ不徳ヲナスナリ。不倫ヲ敢テスルナリ。」（「観想録第1巻」1898年4月24日付け（『有島武郎全集』第10巻所収）、99頁）との言葉も記す。彼はキリスト教を媒体として「痛み」への関心と共感を深めてゆく中で、他者の悲劇や苦悩に対する冷やかさを人間の「罪」

「sinfulナルコト」と捉えた。

　有島は如上の「日記」に記載した2年前の、1896年9月より札幌農学校での生活を始め、有島家と交際のあった同校教授、新渡戸稲造の下に寄寓した。そしてこの新渡戸との同居は学習の上でも、人格形成の上でもキリスト者の彼から感化されるものであった。また、彼の親友、内村鑑三の著作や聖書を愛読させるものでもあった。「観想録第1巻」は新渡戸のBible Classで学ぶ有島の姿をしばしば記している（同書、29頁、32頁、36頁、40頁）。そうした学びと心の耕しのもとで、1898年4月に「観想録第1巻」にシンパシーの文章を綴った10ヶ月ほど後、彼は「基督教信者」（「観想録第2巻」1899年2月21日付け（同書所収）、127頁）になりたいと表白する。シンパシーは有島を捕らえ、キリスト教は有島にシンパシーの意義を教え、その具体化をも促した。しかして、その結実の一つは、有島が1900年秋ごろより札幌の「遠友夜学校」で学習指導者として奉仕しだしたことがあげられる。「遠友夜学校」は1894年1月、新渡戸によって札幌に設立された。そしてその開校の趣旨は「貧窮せる家庭の児童並に晩学者」のためのものだった。イエス・キリストが社会の片隅に救いの光を灯したその愛の働きに、有島も倣おうとしている。しかも、1901年3月には、彼は内村鑑三たちが築いた札幌独立教会（1891年に設立）に入会した。

　このキリストの僕として、社会の痛苦に心を寄せて活動し、そこに平安の訪れを祈る彼はそれから20年ほど後の1920(大正9)年3月に刊行した定稿『惜しみなく愛は奪ふ』の中で、これまでの自らの日々を振り返りつつ、以下のような内容を語る。

他人眼から見て相当の精進と思はれるべき私の生活が幾百日か続いた後、私はある決心を以て神の懐に飛び入つたと実感のやうに空想した。弱さの醜さよ。私はこの大事を見事に空想的に実行してゐいた。

(『有島武郎全集』第8巻、134頁)

この著書は米欧から帰国(1903年9月—1907年4月)後、東北帝国大学農科大学(札幌農学校を改称)の英語講師として迎えられ、米欧遊学以前も教会員として出席していた札幌独立教会を退会(1910年5月)した10年後に出版されたものである。札幌独立教会退会後の10年は有島が苦しみ求めた信仰を「空想」とまで冷やかに言い切らせるほどの年月であったようだ。私たちはこの10年余りの風雪の歳月に秘められた有島の「苦渋の足跡」に思いを馳せざるをえない。彼は語る。

私は完全にせよ、不完全にせよ甦生してゐたらうか。復活してゐたらうか。神によつて罪の根から切り放された約束を与へられたらうか。神の懐に飛び入ったと空想した瞬間から、私が格段に瑕瑾の少ない生活に入つたことはそれは確かだ。私が隣人から模範的の青年として取り扱われたことは、私の誇りとしてゞはなく、私のみじめな懺悔としていふことが出来る。（同頁。）

彼はキリスト者として生きることを誓った後、「清教徒のやうな清い生活をし、聖書を食とし、祈祷を糧」として過ごした（『リビングストン伝』第四版序言、1919年（『有島武郎全集』第七巻所収）、367頁）。そこには、謙遜と清貧、愛と従順を備え、ただひたすら「聖生涯」を送ろうとの強い決意がある。そして「観想録第2巻」（1900年1月24日付け）は「聖書ヲ読ミ心ヨリノ祈祷ヲ神ニ捧」（『有島武郎全集』第10巻、165頁。）げる生活を記している。しかし、「聖生涯」を望む生活は武郎が本来求める人間としてのあり方なのかと問いつづけたとき、それは「本来、求めるべき武郎」形成でなく、その形成を妨害するものだと思えるようになった。いや、それどころか、「聖生涯」を望む生活は「あるべき本来の武郎」から逸脱して、他者の賛辞を受ける「模範的な武郎」形成を目指すものにすぎないのだと思われた。「私有島」は私有島の「顧慮の対象なる外界」に支配され、そしてその「外界」の望む形に造られてしまうと感じるのである。

「本来のあるべき私（1878年3月4日、有島武の長男として東京市小石川に誕生。

1896年7月、学習院中等科卒業。同年9月、札幌農学校予科5年に入学。）」「独立した一人の私」を求めて、北海道に遊学し、またキリスト者になったにもかかわらず、その「聖生涯」は彼の希求を壊滅させるかのようであった。彼はこの「生涯」を客観的に冷酷に眺めたとき、自分は「底のない空虚に浮かんでいるような不安」に襲われた。そして有島の心の底から湧き上がる声は、「お前は私（＝有島の深奥の声）から遠ざかつて、お前のいふことなり、思ふことなり、実行することなりが、一つ残らず外部の力によつて支配されるやうになる。お前には及びもつかぬ理想が出来、良心が出来、道徳が出来、神が出来る。而してそれは、皆私がお前に命じたものではなくて、外部から借りて来たものばかりなのだ。さういふものを振り廻して、お前はお前の寄木細工を造り始めるのだ」（定稿『惜しみなく愛は奪ふ』（『有島武郎全集』第8巻所収）、144頁。）と非難する。彼が求めた「理想」、彼が知った「神」は「本来あるべき私」を育み、「本来あるべき私」の「礎」にならず、さらに、それを実際に達成させようとする「深奥の声」とも異なるものだと頷かされた。

彼には、自らの「理想」も、自らの「神」も、彼の心を揺り動かし、彼の「心の奥底の思い」を汲み取るだけの力を有していないと思われた。それらはただ有島を「外界」と調和させ、そこで安住しえる「形」に造りあげる「外部の力」にすぎず、彼の深奥に訴える確かな力を持ってないかのようだ。それ故、彼は「外部の力」、「外部の標準」によって「寄木細工」のように形造られた「私有島」を「あるべき本来の私」どころか、忌むべき、誤った像だと理解せざるをえなくなった。さらに、その形成、彫像に励んだ「武郎」にこれまでの生活を投げ捨て、彼の「深奥から湧き起こる全要求」に応じて生きようと決意させる。これは有島の信仰道程から表れるべくして表れた当然の帰結であろう。

「神の徒」となる上で必要不可欠なシンパシーの耕しは他者の痛みに心を寄せ、その治癒・救済への働きに向かわせるだけでなく、他の存在からも期待される人間となることも武郎におのずと強いていた。そこでは、「外界」が望むような「私（＝有島）」となりえても、「何ものにも左右されない私」「本来あるべき私」にはなりえない。しかも、有島はこの「本来あるべき私」「何ものにも左右されない私」形成を第一義として希求する以上、罪を贖い、救うキリスト教、十字架にのみ立つ信仰生活との訣別をも招かねばならない。

有島には、「絶対者なる神」が彼の全人格に関わり、彼を打ち砕いて、否定し、悔い改めを迫りつつ、赦し、愛す存在として表れなかった。また、彼の全存在を揺さぶる霊的体験、神から与えられる「いのちの息吹、甦生の風」(spiritus sanctus)も実感することができなかった。彼にとっての「全能の神」は彼の「本来あるべき私」を形成するための一要素であり、「私有島」を是認し、「私有島」に奉仕する存在にすぎなかったようだ。それは言い換えるなら、彼が「絶対者に赦され、生かされ、導かれる」のでなく、彼が「絶対者」を使役し、「絶対者」を利用するだけだった。彼の「神」は彼の「顧慮の対象なる外界」の「神」であって、彼の心の奥底に深く食い入る「神」でも、彼の心の奥底を激しく揺さぶり、叱り、愛し、語りかける「神」でもなかった。彼は1914（大正3）年7月から8月にかけて「小樽新聞」に掲載した「内部生活の現象」でこの思いを痛烈に書き記している。長く煩わしいが、抜き書きする。

お前は教師や聖書から教へられた神と云ふ観念から、お前の理解の出来る丈けを切取つて神なりとして居たのだ。だからお前は神を信ずると云ふ事を広言してからも、お前の生活は実質的には何等の相違をも来たさなかつたのだ。若し相違が出来たとしたら、夫れは実に表面的な事であつて、神がお前の衷に住みますのを経験した事などは無かつたろう。お前が神を意識する時は何時でもお前の方から強ひてお前の頭を働かして、神を創造していたに過ぎないのだ。即ちお前の最も表面的な理智と感情との働きで、お前によく似た神を製造して居たのだ。而してお前は上からの力を受けて、お前が自分自身以外の生命に甦つて、已むを得ざるに振ひ立たねばならなかつたやうな経験は持つていないのだ。夫れだからお前の祈は空に向つて投げられた石のやうに、冷たく力なく再びお前の上に落ちて来るばかりだつた。夫れにも係はらず、お前は切羽つまるまで、お前自身をあざむいて居た。（中略）是れからお前は前後もふらずお前の魂に突貫して行かなければならない。お前の魂の泉から命を汲み、その礎の上に新しいお前を築かねばならぬ。

（『有島武郎全集』第7巻、94頁）

「本来のあるべき私」を形成する「礎」は「外界」にあると考えて彷徨しつづけた有島は札幌独立教会退会を境に「外界」の重圧から解放され、そしてその「礎」を彼の深奥に置き、彼の「内なる声」に聞き従って「本来のあるべき私」完成に励もうとする。有島は「本来のあるべき私」を形成する「礎」を見つけたように思った。彼はこの「礎」より湧き上がる「内なる声」に導かれ、支えられながら歩きつづけようとする。

二　「相対界」に生きる

1910年、札幌独立教会退会の年に、有島は「二つの道」（同年5月）、「も一度「二つの道」に就いて」（同年8月）という表題の評論を「白樺」に執筆している。そしてこの「二つの道」掲載時期は彼の退会時と同月であり、この評論は彼の退会決断をなす上での心の揺れ動きとその決意の覚悟のほどを表している。

「人は相対界に彷徨する動物である。絶対の境界は失はれたる楽園である。」（同書、6頁）

エデンの園を出たアダムとエバが抱いた悲愴とそれを超えて表れる希望に思いを巡らしつつ記されている。彼は十分に考え抜いた結果、札幌独立教会退会を決断するのであるが、しかし、現実に教会を去るにあたって、親しき信仰の友と別れる寂しさ、「神」を捨て去ることの戦き、不安を押ししずめることはできなかった。それよりも、「宇宙の本体なる人格的の神と直接の交感」（『リビングストン伝』第4版序言（同書所収）、371頁）をこれまで全くなしえなかったのではないかとの絶望、寂寞に襲われざるをえなかった。彼はとうとう「相対界」のみを彷徨することになったと実感する。

今でもハムレットが深厚な同情を以て読まれるのは、ハムレットが此ディレンマ（＝「二つの道」）の上に立つて迷ひぬいたからである。人生に対して最も聡明な誠実な態度を取つたからである。雲の如き智者と賢者と聖者と神人とを産み出した歴史の真唯中に、従容として動く事なきハムレットを仰ぐ時、人生の崇高と悲壮とは深く強く胸に沁み亘るではないか。

（『有島武郎全集』第7巻、9頁）

有島は憂愁をひめた「眉目の涼しい、額の青白い」ハムレットが「相対界」にとどまり、葛藤と矛盾のもとで迷いつつ、生きようとする姿に自らの姿を重ねていた。彼は札幌独立教会退会を決行するに際して、「神」との垂直な関係を「清算」しても、キリストの弟子として学んだ、イエス・キリストの不正に対する徹底した抵抗の精神、また虐げられた人々への愛の業の意義までも否定することはできなかった。こうした「理想」と「現実」、「愛」と「収奪」の矛盾に悩みつつ生きねばならない有島は「人生の崇高と悲壮」をあらわしつつ、「二つの矛盾の道」に立って苦しみ、生きるハムレットに心を馳せねばならなかった。しかし、札幌独立教会後に執筆したであろう「も一度「二つの道」に就いて」の中では、彼が「二つの矛盾する道」に立って苦悩する姿は消えつつあった。彼はただ「相対界」を彷徨する現実を受け入れて生きようとする。

我々の生活に矛盾のないと云ふ様な事が、全体間違った事実なので、決着した論理が作為である如く、矛盾のない人生と云ふものがあつたらば、自分は其人生の根底を疑はざるを得ないのである。我々は今まで此矛盾を苦痛だと思ひ、恥づべ事だと思ひ、統一した一筋道を歩まねば、内的生活は立ろに消滅すると思つて居たが、絶対的実在とか真理とか云ふものは、全然人間の思度以外にあるものと感じては、此矛盾こそ人間本来の立場だと云ふ事を覚つて、其中に安住し得るのを誇るべきだと思ふ。即ち矛盾を抱擁した人間全体としての活動、自己の建設と確立、是れが我々の勉むべき目前の事業ではないか。（中略）絶対観念に暇乞ひをして、自己に立帰らねばならぬ。而して我々が皆立帰る事に於て成功したならば、其上の要求は其時其処に我々を待つて居るであろう。

（「も一度「二つの道」に就いて」（『有島武郎全集』第7巻所収）、18頁。）

有島は公然と「自己に立帰る」と述べる。彼は「矛盾」に満ちた生活を人間本来の生活だと見なし、そしてその「矛盾を抱擁」した人間の生活に「安住」すると語る。これは「相対界」への復帰宣言である。そして札幌独立教会退会後も逡巡したであろう「絶対的実在」の否定、「絶対界」との決別宣告である。また自ずから、これは「自己の至上性」を標榜することにもつながる。

けれども、意気軒昂に「自己に立帰る」と宣言する武郎の相貌に悲哀があるのを見つけた人物がいる。それは師、内村鑑三である。内村は1912年秋、札幌を訪問した折のことを記している。

たしか明治41《ママ》年であつたと思ふ。私は札幌に於て彼に会うた其時の彼は前の彼とは全く別人であつた。前にはオプチミスト（楽観家）なりし彼は其時はペシミスト（悲観家）に成つて居た。彼の顔に輝きし光を今は認める事が出来なかつた。我等彼の旧い友人は、彼の為にも亦我等の為にも非常に悲しんだ。（「背教者としての有島武郎氏」1923年7月掲載。『内村鑑三全集』27所収）、526頁。）

しかも、そのペシミスティクな気分を強くする事態が武郎に忍び寄っていた。それは1916年の出来事であった。札幌を去って、鎌倉で転地療養中の妻安子が肺結核で1916年5月に逝去した。また、キリスト教への入信を反対した父武が同年12月に胃癌で亡くなった。妻と父の喪失と彼らへの愛惜。悲哀は大きくなってゆかざるをえなかった。その彼が定稿『惜しみなく愛は奪ふ』（1920年）の中で次のように語る。

私は永劫に対して私自身を点に等しいと思ふ。永劫の前に立つ私は何ものでもないだらう。それでも点が存在する如く私も亦永劫の中に存在する。私は点となつて生れ出た。而して瞬く中に跡形もなく永劫の中に溶け込んでしまつて、私はゐなくなるのだ。それも私は知つている。（中略）然し私は生れ出た。私はそれを知る。私自身がこの事実を知る主体である以上、この私の生命は何といつても私のものだ。私はこの生命を私の思ふやうに生きることが出来るのだ。私の唯一の所有よ。私は凡ての懐疑にかゝはらず、結局それを尊重愛撫しないでゐられようか。涙にまで私は自身を痛感する。

（『有島武郎全集』第8巻、127頁）

有島は自己の存在が「瞬く中」に消え去る「永劫」の中の「点」であっても、じじつ、その「点」が存在する瞬間、今を所持し、また、「尊重愛撫」すべき「私」をも確かに所有していると実感した。彼にとって、唯一信頼できるのは、「私」の存在と「私」の在る「今」だけであった。彼の「本来あるべき私」は「私」と「今」という2点をもって完成にいたろうとする。それ故、彼は「今」に「最大無限の価値」を置き、しかも、「過去」からも「未来」からも拘束されない自由な「今」を「生命の緊張」をもって確かに生きる「リアリスト」であろうとする。さらに、彼の内発的要求（＝「内なる声」）に促されて「本能的生活（Impulsive Life）」者として生きようとする。

彼は「私」としての存在と「私」のある「今」に信頼をおこうとした。しかも、自らが目指す「本能的生活」の「本能」を「内なる声」と捉え、この「本能の働き」を「愛」と見なした。そしてこの「愛なるもの」は「外界」を容赦なく略奪して、「私」

の中に投入しつづける力をもち、「私」を成長、完成へと赴かせてゆく。すなわち、「愛」を有する「私」は「他者」を、「外界」を摂取しつづけることで豊かに成長し、充実し、完璧になってゆくのだ。「私」の進路には障害はなく、「私」の「外界」は「私」の獲物にすぎない。「私」は何ものにも汚され、傷つけられることなく拡大し、「本来のあるべき私」となる。有島は云う。

愛は自己への獲得である。愛は惜しみなく奪ふものだ。愛せられるものは奪はれてゐるが不思議なことには何物も奪はれてはゐない。然し愛するものは必ず奪つてゐる。（同書、180頁）

有島は不可解な「愛の略奪」を語っている。そしてこの文章の後に、ダンテのベアトリーチェへの愛が記されている。ダンテは生涯に数度出会ったベアトリーチェを「久遠の女性」として尊敬しつづけたが、彼女はダンテのその心を知らずに他へと嫁いでいった。「ダンテだけが、秘めた心の中に彼女を愛した。而も彼は空しかったか。ダンテはいかにビヤトリス《ママ》から奪つたことぞ。彼れは一生の間ビヤトリスを浪費してなほ余る程この愛人から奪つてゐたではないか。（中略）見よ愛がいかに奪ふかを。愛は個性の飽満と自由とを成就することにのみ全力を尽してゐるのだ。愛は嘗て義務を知らない。犠牲を知らない。献身を知らない。奪はれるものが奪はれることをゆるしつゝあらうともあるまいとも、それらに煩はされることなく愛は奪ふ。」（同書、181頁）。

有島の「愛の略奪」は「愛の対象」に心を向けることで「甘美」を与え、そして思い描くことで「豊かさ」をもたらす。すなわち、彼は対象との実際上の交際によって煩わされ、また、それによって「私」が変えられることに大変な恐怖を抱いていた。彼はただ興味ある対象を一方的に思いつづけることで「私」を飽満にさせ、対象との直接の交流を行わないことで、「自由」を保ちつづけようとした。彼はキリスト者が自己を空しくして行う「献身」、「犠牲」に偽善者としての臭いを感じ、嫌悪し、それ以上に、「献身」、「犠牲」によって生じうる「私」の内発的要求の抑圧、また、それより起こりうる「私」の変形をも極端に嫌った。彼は「私」を傷つけ、ひびを入らせるものを極度に拒絶するとともに、関心のあるもののみをひたすら思い、描きつづけることによって拡充しつづけることを望んだ。それ故、彼は現実に自己を犯し、自己に「変革」を求める危険性の少ない「無垢な存在」に親近感を抱き、また一方では、自己の飽満、完成に一切寄与しない「愛さない」ものを彼の「愛の略奪」の外に放逐しようとした。彼は今あるこの「私」を是認し、そしてこの「私」の拡充、完成にのみ努める。しかし、肉体を有する「私」は「外界」を際限なく摂取しつづけることが困難である。肉体を有する「私」の容量にも限界がある。また、この肉体を有する

「私」は永遠に生存しつづけることもできない。

人間は必ずいつか死ぬ。何時か肉体が亡びてしまふ。それを避けることはどうしても出来ない。然し難者が、私が愛したが故に死なねばならぬ場合、私の個性の成長と自由とが失はれてゐると考へるのは間違つてゐる。それは個性の亡失ではない。肉体の破滅を伴ふまで生長し自由になつた個の拡充を指してゐるのだ。(中略)愛したもの、死ほど心安い潔い死はない。その他の死は凡て苦痛だ。それは他の為めに自滅するのではない。自滅するもの、個性は死の瞬間に最上の成長に達してゐるのだ。即ち人間として奪ひ得る凡てのものを奪ひ取つてゐるのだ。

(同書、184頁)

「私」の消滅と「私」の容量の限界は紛れもない厳然たる事実として存在するとき、有島はこの状況下で、死の時点を「私」の容量の飽和、すなわち、「私」の完成である「本来のあるべき私」の成就のときだと考えた。彼は「私」を偏愛するとともに絶対化し、そして「外界」を「私」の「奴婢」とした。それ故、「存在する私」の消失は否定しえない事実としてありえても、彼はそれを容認して、自然に時の流れる下で消え去るのを承認することはできなかった。彼は自らが「外界」を飲み尽して獲得した「本来のあるべき私」成就を自らの存在の終焉と同一視していた。彼は「本来のあるべき私」希求のもとで、いつしか「時間」さえも「外界」の事物と見なしてしまったのである。それ故、「外界」に位置する「時間」の支配を受けることはナルシスト、有島には堪え難いことであった。彼は余りにも「今ある私」を絶対化し、そして「外界」を「下僕」として取り扱おうとするうちに、彼の「あるべき本来の私」は現実性を失って、「空想」の世界を自由に飛翔する架空の産物になりはてた。しかも、彼はこの観念の上での「あるべき本来の私」達成を実際に実現可能と見なしたところに彼の悲劇があった。彼は極度に「私」と「今」とに収斂するあまり、彼をとりまく空間を喪失し、彼の有する時間をも消滅させて、ただ非歴史的真空状態の下で「私」の完成に向かった。そして有島は、その「私」の完成は現実性を伴わないものであり、また、彼の描きあげた「あるべき本来の私」は実体をもたないものであることをも断乎として認めたくなかった。彼はこの錯覚を真実と見なし、それにのみ生きることに努めた。

三　限界　―おわりにかえて―

有島は1922（大正11）年1月、「改造」に「宣言一つ」という評論を掲載している。これは有島に彼の「本来のあるべき私」論の不完全さと限界を認識させるものであった。

私は第4階級以外の階級に生れ、育ち、教育を受けた。だから私は第4階級に対しては無縁の衆生の一人である。私は新興階級者になることが絶対に出来ないから、ならして貰はうとも思はない。第4階級の為めに弁解し、立論し、運動するそんな馬鹿げ切つた虚偽も出来ない。今後私の生活が如何様に変らうとも、私は結局在来の支配者階級の所産であるに相違ないことは、黒人種がいくら石鹸で洗ひ立てられても、黒人種たるを失はないのと同様であるだらう。従つて私の仕事は第4階級者以外の人々に訴へる仕事として始終する外はあるまい。

(「宣言一つ」(『有島武郎全集』第9巻所収)、9頁)

「外界」を自由に摂取し、「同化」しえると信じていた彼が、今、台頭してきた労働者の前にあって、その労働者階級を吸収できないとの「宣言」を行った。彼の「あるべき本来の私」は「第4階級」という強敵に阻まれなければならなくなった。彼がたとえこの階級を彼の関心の外に置く「愛さない」階級と見なそうとしても、現実に存在するこの階級はいやが上にも彼に自らの存在を意識させ、そして思うがままに「あるべき本来の私」成就へと突進しようとする思いに亀裂を生じさせる。しかも、この階級は非歴史的真空状態で自由に拡充しつづけていた「私」を「空間」に位置する存在として意識させたのである。すなわち、有島がいみじくも語った「第4階級者以外の人々に訴へる仕事」をするということは、彼の「私」拡充に限定を設けたことになる。そして彼は、1923年7月、彼が所有する北海道胆振国の狩太農場（＝「有島農場」）を小作人たちに解放した。これは小作人たちの解放であるとともに、有島が「第4階級」から解放されたいとの願いでもある。「遠友夜学校」での教育ボランティア活動、キリストの「虐げられた人々」に注ぐ愛への共感は経済的、階級的に格差と矛盾をもつ社会の実態から目をそらすことを阻んでいった。彼は自由に「空想の世界」を飛翔する羽をもぎ取られ、そして意識下に眠らせていた「限界の事実」に目を向けなければならなくなった。彼は「本来のあるべき私」に全幅の信頼をおいて生きることができなくなってしまった。彼の「本来のあるべき私」論は徐々に翳りだした。

1923年6月の「独断者の会話」の中で、有島は「お前は生命といふものをしつかりと感ずることが出来ないでゐるのだ。空虚が一死のやうに恐ろしい空虚がお前の生命を蝕みはじめたのだ。その空虚が段々大きくなつて行きはしないかといふ予感で、その予感だけで、お前は忍び得ない程慌てふためいてゐるのだ」（「独断者の会話」（『有島武郎全集』第5巻所収）、508頁）と書き記している。彼は「私」の内奥に確かにひそむ「空虚」を見つけた。彼はこれまで「本来のあるべき私」を求めて「相対界」を彷徨しつづけた。しかし、唯一信頼できる確かな存在の「私」の奥底で空虚感が漂いだし、しかも、その「私」を蝕んでいた。

有島は札幌独立教会退会後、「相対界」にとどまることを決意しながら、歴史的被制約者である「私」を無制約者である「神」にまで祀り上げる錯誤を犯してしまった。そこには、「私」への偏愛、「私」を変容させることへの恐怖、あるいは、現実の「私」を限りなく拡充したいとの欲望があったためであろう。そして歴史的被制約者としての「私」を「いのちと愛と光」を尽きることなく与えつづける無制約者へと転化させた場合、その「私」は虚無と絶望と破滅へと誘われてゆく。有島の師であった内村が1924年2月に再度「近代人に就て」を「聖書之研究」283号に記した。多くの俊秀の弟子をもった内村ならではの言葉であろう。その一文をもって結びとしたい。

近代人は恐ろしくある。彼は自己主義が極度に霊化したる者である。彼は自己に就て毛頭疑いはない、而して万事に就て自己の判断の正しくあるを固く信ずる。彼は万物を自己に服従せしめんとする、然れども自己は何者にも服従しない。彼に彼れ自身の道徳がある、又彼れ自身の神とキリストとがある。如斯にして彼は千九百年間の基督信者の実験として伝へられたる基督教には全然反対である。実に近代人は近代文明の生んだ駄々ッ児である。彼の宗教は伝統的基督教の他者奉仕なるに反し、自己奉仕である。近代人はまことに恐ろしくある、然し乍ら我等は彼を恐れない。彼は歴史上最初の実例でない、彼に類したる者は今日まで幾度も世に現はれた。近代人の我儘勝手が行はる丶のではない、神の御旨が成るのである。故に安心である。

(『内村鑑三全集』28、128頁―129頁)

資料、参考文献

『有島武郎全集』第五巻筑摩書房、1980年。
『有島武郎全集』第七巻筑摩書房、1980年。
『有島武郎全集』第八巻筑摩書房、1980年。
『有島武郎全集』第九巻筑摩書房、1981年。
『有島武郎全集』第十巻筑摩書房、1981年。
『内村鑑三全集』20岩波書店、1982年。
『内村鑑三全集』21岩波書店、1982年。
『内村鑑三全集』27岩波書店、1983年。
『内村鑑三全集』28岩波全集、1983年。
宮野光男著『有島武郎の文学』桜楓社、1974年。
安川定男著『有島武郎論』明治書院、1967年。

山田昭夫著『有島武郎・姿勢と軌跡』右文書院、１９７９年。

鈴木範久著『内村鑑三をめぐる作家たち』玉川大学出版部、１９８０年。

安芸基雄著『晩年の内村鑑三』岩波書店、１９９７年。

内村美代子著『晩年の父内村鑑三』教文館、１９８５年。

矢内原忠雄著『内村鑑三とともに（下）』東京大学出版局、１９６９年。

拙稿「新渡戸稲造と留岡幸助—「小さき者」の側で—」（「名古屋学院大学論集《社会科学篇》」39—3）名古屋学院大学総合研究所、２００３年。
W. James, The Varieties of Religious Experience (New York: Dolphin Books, 1902)
ウィリアム・ジェイムズ著、比屋根安定訳『宗教経験の諸相』誠信書房、１９５７年。
G. Gutierrez, The Power of the Poor in History (New York: Orbis Books, 1983)
A. Nygren, Agape and Eros (London: S. P. C. K, 1953)
P. Tillich, Sozialphilosophishe und ethishe Schriften (Berlin: De Gruyter, 1998)

4 求道の人、神谷美恵子

はじめに

「神谷（旧姓、前田）美恵子は聖者」であると評した人物がいる（『神谷美恵子の世界』、２００４年、86頁）。それは美恵子（１９１４年—79年）の父前田多門の友人で、同じ新渡戸稲造の門下であった鶴見祐輔（１８８５年—１９７３年、衆議院議員）の長男鶴見俊輔である。彼が美恵子を「聖者」とみなした理由は、彼女が「どんな人とも、同じ目の高さでつきあう」ことができるのだということを知ったからである。そしてこれは後年、美恵子が人口に膾炙する作品（『生きがいについて』、『人間をみつめて』、『こころの旅』、『ヴァジニア・ウルフ研究』など）を次から次へと表し、精神科医としてハンセン病者の苦渋に心を一途に寄せ、また、神戸女学院大学、津田塾大学の教授として学生たちへの教育指導を踏まえた上での評価でない。俊輔が美恵子を「聖者」だと判断したのは、小論でも取り上げる１９３８年秋ごろ、24歳の美恵子にアメリカで出会った時のものであった。

しかし、その「聖者」の底に深く、大きな苦悩がひそんでいた。俊輔がアメリカで会ってから、5年後の彼女の「日記」（1943年9月）に「altruistisch〔利己的〕なところも、ästhetisch[美学的]なところも、hedonistisch〔悦楽的〕なところも、みな自分の、人間の、ありのままの姿ではないか」（『若き日の日記』、1984年、119頁）とあるように、彼女はこの「日記」を記述する以前から自らの存在を受容することに苦悩した。自らの複雑多岐にあえいでいた。彼女は音楽（バッハ）を愛し、創作すること（詩、小説）を求め、真理（ギリシャ哲学など）を探究し、信仰を深め、謙遜に、地味に使命を求め、生きようとする。これらが若き美恵子には葛藤となり、苦汁となり、辛苦となった。

「夜八時、工場できょうは大分疲れをおぼえた。（中略）バッハのフーガとプレリュードで心が澄んだ。十年前に――否、更に根源的には、父母の染色体がお前という生命に配合された瞬間にお前の運命は定まったのだ。必要以上に女っぽい体と心情の中に置かれた飽くことなき知的欲望、荒々しく烈しい熱情、そして本質的なものにしか惹かれない心――女として何という「怪物」だろう。「宇宙観」だの「矛盾」だの「使命感」だの、そうしたものに悩み続けねばならぬとは！」
（1943年12月12日の「日記」、同書、138頁）

しかし、この苦悩と葛藤のもとから紡ぎだされる彼女の思想、信仰、生き方は人々に多くのことを教示し、生きる力を与える。けれども、そうした苦悩、葛藤の中で練られた広く、深い知恵と高潔な人間性を有す彼女の研究はこれまであまり行われてこなかった。一つは彼女の多才さと複雑さと守備範囲の広さのゆえだろう。また、彼女と関わる人たちが存命であることも原因しているだろう。それ故、小論も現在、公刊されている資料、参考文献しか用いていない。けれども、既に発表された書籍、論文（江尻美穂子著『神谷美恵子』、柿木ヒデ著『神谷美恵子　人として美しく』、太田雄三著『神谷美恵子のこと―喪失からの出発―』、中井久夫著「神谷美恵子さんの「人と読書」をめぐって」（『本、そして人』所収）など）から小論を執筆する当たり、貴重な教えを受けたことを記し、感謝する。

筆者が神谷美恵子の書籍を取り上げ、小さなクラスで学生たちと一緒に断続的に学びだしたのは10年ほど前からである。そして神谷は晩秋に入った筆者がこれからの残された研究期間の中で真剣に向き合い、「対話」しなければならない重要な人物である。小論はその手始めとして若き美恵子の精神的苦悩と自らの生きる意義を求めて懸命に「茨の道」を行く様態を考察、論述したものである。

一　自己肯定

神谷美恵子は著書『遍歴』（１９８０年）の中に「ペンドル・ヒル学寮の話」を収めている。これは１９３９（昭和14）年2月から6月まで過ごしたアメリカのフィラデルフィア郊外にあるクエーカー(Quaker)の学寮、ペンドル・ヒル(Pendle Hill)での勉学、交友などをつづったものである。彼女は前年の１９３８年10月、父母前田多門、房子や弟妹と一緒に渡米した。父多門が朝日新聞社の論説委員からニューヨークに創設された日本文化会館館長に就任したことと、美恵子が母校津田英学塾からアメリカ留学への津田梅子奨学金を１９３７年に授与されたからであった。軍国主義が強まり、日中戦争（１９３７年）が激化する日本を去って、穏やかなペンドル・ヒルでの学寮生活は幼きジュネーヴでの日々も思い出させた。彼女は記す。

フレンドとは十七世紀の初め英国のジョージ・フォックスという人が創設したキリスト教の極左派ともいえる一派で、彼らが礼拝するとき、霊感を感じるあまりふるえるところからクエ《マ》ーカ《マ》ー（ふるえる人）という別名がついた。クェーカーの歴史をここで述べる必要はないが、ともかく英国教会からみれば、非常な異端であった。まず牧師というものを認めない。礼拝は、質素この上ない集会所で行い、讃美歌を歌うのでもなければ説教を聞くのでもない。沈黙を主体とし、何か霊感を感じた人は立ってなるべく短くそれを話す。その内容について討議する者もない。これがクェーカーの「沈黙礼拝」であり、これがかつて幼い頃ジュネーヴで私が母に一回だけ連れて行かれた、あのふしぎな集まりであったのだ、と思いあたった。

この地味な宗旨は現在に至るまで連綿とつづき、アメリカ並びに世界各地に広がり、日本にも来ている。クェーカー教徒は質素勤勉を旨としているから、自然富を蓄積し、その財力で社会福祉事業、教育事業、牢獄や精神病院の改革など数々の仕事をやってきた。徹底した平和主義で、戦時には良心的兵役拒否をして肉体労働に服し、また交戦国双方の困窮者に助けの手を伸ばしてきた。

（『遍歴』、102頁）

美恵子はペンドル・ヒルで参加したクエーカーの集会（「沈黙礼拝」）の様子と彼ら信仰者のこの世での生き方を素描している。美恵子が育った家庭もクエーカー（フレンド派）の精神が十二分に行き渡っていた。母房子（1890年1月、群馬県富岡で誕生、1955年死去）はフレンド派の学校、普連土女学校（東京）で学び、生涯、クエーカー教徒であった。そして多門（1884年5月、大阪に誕生、1962年死去）との結婚は同じクエーカー教徒で、美恵子には「慈愛のふかいおじいさま」で、多門には師である新渡戸稲造の紹介によるものであった。美恵子が回想するペンドル・ヒル学寮生活の背後に、キリスト教精神をもって近代日本国家建設のために尽力し、また、欧米列強の国民と知識、品格、教養などの上で対等な人間となることを強く求めて、家人教育をする前田家があった。そしてその精神は房子が守りつづけたクエーカー精神に与るところ大であっただろう。また、房子の弟で、美恵子にも影響を与えた金沢常雄（1892年―1958年）が内村鑑三の弟子として、無教会伝道に携わったことなどから、徹底して聖書に生きようとするものでもあっただろう（『人間を見つめて』、2004年、132頁―133頁）。父多門は房子の死後、クエーカー教徒になった（『本、そして人』、2005年、262頁）。

静かで、内省的なペンドル・ヒル学寮での生活はスイスのジュネーヴで過ごした小学生時代の日々へとつながり、思いださせる。多門は1923（大正12）年7月、東京市助役を辞し、ILO（国際労働機関）の日本政府代表として家族と共にジュネーヴへ赴任した。小学校4年生の美恵子は生徒の個性を尊重し、やかましい規則などなく、それぞれの能力に応じて教育を進めるジャン＝ジャック・ルソー教育研究所の付属小学校に転校した。校長は有能な発達心理学者のジャン・ピアジェ（Jean Piaget,

1896年―1980年）であった。小学校は楽しく、明るく、希望に満ちた光は彼女をつつんでいた。そんなのどかで、やすらいだ中に、次の光景も現れる。

　お天気でさえあればほとんど毎日、夕方になると自転車に乗ってひとり山道を降りて行く。坂の途中に曲がりかどがあって、そこまで行くと急に広いレマン湖が眼下にひらける。そのかどで自転車を止め、じっと夕陽に光る水面をながめるのだ。ちょうどそのころ、うしろの山の峯々から牛たちが首の鈴をふりふり、村へ降りてくるのが聞こえる。その響きのほかはしんとしていて、だれひとり道を通る者はいない。ただ夕やけの空と、山の木立と、みどりに囲まれ、みどりを映す湖水の深いあいの色と。

　空がだんだん紫がかり、次第に濃紫、濃紺、灰色と変って行くまで、身じろぎもせずに立ちつくしていた。あれはどういうことだったのだろう。よくはわからないが、おそらく幼いころからあこがれてやまなかった平和と、その平和を生み出す美とをそこで体験したのではないかと思う。

　審美的素質もないのに、ここで美などということばを使うのにためらいを感じる。しかし、あれは美というよりほかないものであった。人間の世界に見出しえない調和と美と平和とがこの大自然にあるのだ、ということをたしかめ、それで

安心して帰路につくのであったらしい。(『存在の重み』、1981年、80頁―81頁)

この文章(「「存在」の重み」)の初出は1971年12月13日―17日の朝日新聞(朝刊)に掲載され、美恵子57歳の時であり、ジュネーヴでの日々から50年近くが経ってからである。しかし、ここには、その折の少女美恵子の内に秘められた悲しさ、不安、寂寥が表されるとともに、「震える、小さな自己」を温かく包み、肯定受容する「大いなる存在」と確かに触れ合う情景が鮮やかに描き出されている。

大阪の商家に生まれ、苦学独学して、一高、東大に進み、内務省に入った多門。そして卒業後、内務省の役人となった彼は「群馬、岡山、長崎、東京」などを辞令一つで転々とした(『存在の重み』、75頁)。岡山で誕生した美恵子(1914年1月12日)も長崎、東京へと引越する。幼児にとっても、地理的な変化は大きな不安を覚える。さらに、母房子が1919年4月、前年より欧米に出かけた多門の身の回りの世話をするためにアメリカへ渡り、美恵子、妹の勢喜子は母方の祖母と叔父金沢常雄のところに同年10月まで預けられた(『神谷美恵子の世界』、201頁)。父母との別れは幼い美恵子に深い寂しさを与えていたのだろう。そうした寂しく、悲しい体験などが自己を確かに受け入れ、見守ってくれる存在を彼女に求めさせていった。美恵子はその柔和な、大いなる存在に抱かれ、その存在と心の通い合いを実感していたのだろう。

ペンドル・ヒル学寮での生活を終えた翌月の1939年7月21日付けの彼女の「日記」は「今晩の星は雨の晴れた後なので高くて清らかだ。星を仰いで居る時のみ私は私である様な気がする。（中略）私は私の問題をもはや彼〔兄、陽一〕に考えてもらおうとは思わない。だって私の問題は彼にとって問題になり得ないもの。（中略）自分の問題は神様との間のみで決めるべきなのだ」（『日記・書簡集』、1982年、17頁）と語る。彼女の祈りは「大いなる存在」と身近に触れ合い、指針を与えられるものであったようだ。この日の「日記」は後で触れる、彼女が医学に進むべきかと悩む折のものである。そしてこのペンドル・ヒル学寮での「沈黙礼拝」は彼女の神秘家（eine mystikerin）としての資質を磨き育て、「彼女を育む大いなる存在」「いのちの源で、導き、救う神」への信頼を深めさせるものであった。しかし、この神秘家としての自覚は人間中心的で、理性的な信仰を保持する人々からは訝しがられ、排撃されるものであろう。けれども、美恵子はその偏見を超えて、「すべての存在に恵みを与える神」を通して真理と愛に気づかされ、その「すべてのものに隔てなく、注がれる神の愛」に導かれ、促されて「愛の実践」へと向かっていく（『本、そして人』、262頁、『神谷美恵子の世界』、87頁）。彼女がつづった「ペンドル・ヒル学寮の話」は「P・H〔ペンドル・ヒル〕での毎朝の沈黙礼拝で（中略）私なりの宗教心は増すばかり」と述べ、そこで出会った英国人の老心理学者、キャロライン・グレイヴスン（Caroline Graveson）

の言葉——「宗教的信仰を得てはじめて人間はすべてを超えた、神の愛を知り、自らも神と人とを愛するようになり、また神に知られるゆえに自己の存在理由を知り、神に守られるがゆえに、どんな場合にも安心していられる」——をジュネーヴの夕暮れに味わった静かな、安らいだ、美しい体験を思い出しつつ記されたのだろう（『遍歴』、111頁、119頁）。

ペンドル・ヒル学寮での生活は悲哀と不安を秘めた多才な自己を少しずつ受け入れさせ、自ら以外の存在にも心を大きく開かせようとした。そうした中で、彼女の前に医学への道も現れてきた。彼女は渡米後、「コロンビア大学の大学院ギリシャ文学科」に入り、ギリシャ語を読みつづける生活をしていた。しかし、これから自らが一生をかけてやるものを思い描くとき、「いつも浮かんでくるのは医学への志願で」あった（『人間を見つめて』、136頁）。ペンドル・ヒルでの生活を終えた1939年夏以降、彼女はコロンビア大学理学部・医学進学コースへの転籍に見通しがついたようだ。彼女の1939年8月22日付けの日記は次のように記されている。「医者になれることを事々に感謝せざるを得ぬ。（中略）病気の人の相手をして自己満足するのが私の目的ではない。（中略）自分がその（肺結核を津田英学塾大学部に進学した1935年に発病し、1937年に治癒する。）中から癒して頂いただけに「健全なもの」を何と貴び、それに何と引力を感じる事だろう。丁度花が太陽に向う様に。だから私は人を、人の心を、体を、社会を、健全にするために一生を燃やしつくしたいのだ。」（『日記・書簡』、20頁）。一つの目指すべき世界をつかんだ彼女の喜びと、そこで生きるべきスタンスをも記している。そしてその感慨は次のような言葉ともなって表れる。

1940年3月5日付けの「日記」は「生まれてから、これほど謙虚にあらゆる事を感謝出来た事はあっただろうか。（中略）宇宙を創り、その中に、かかる「我」を創りて置き給いし者を思うほどの深き平安はまたとあろうか。（中略）創られし目的に忠実に生きる、それだけだ。」とある（同書、24頁）。自らが創造されたことへの素直な感謝と自らにも確かに目的、使命が与えられていることを知り、心からの喜びを記している。さらに、それは以下のような文章表現ともなってゆく。同年4月28日付けの条は「宇宙にちらばる偶然か、あるいは何者かの大きな意図の下にか、かかる畸形的産物が存在して、小さな役割を果たして行く。それだけの事だ。そこに限りない生甲斐と安心とよろこびを感ずる。」と表す（同書、25頁）。

美恵子の創造誕生も深い神の意図の下になされ、「神の器」としてこの世で果たすべき役割のあることを実感させられた。「〔私は〕私の神と共に道を求め」て歩み、働くのだと、神と自己への信頼を強くさせていった（『本、そして人』、262頁）。

この美恵子の自己肯定は大いなるものの導き、育みと、彼女に影響を与えつづけた人たちによるものであった。その中でも、とりわけ、三谷隆正の感化は大きなものであった。三谷（1889年―1944年）は法哲学者として、一高などで教育研究を行った内村鑑三の弟子であった。しかし、彼は無教会主義だけを「絶対」なものとしない自由闊達さをもっていた。その三谷を美恵子は師とみなした。1966年に上梓された『三谷隆正―人・思想・信仰―』に、美恵子も一文を寄せている。この時の肩書きは「長島愛生園精神科医長」となっている。彼女は天へと召された三谷を偲びつつ、「私は（中略）〔三谷〕先生をこの世で出会ったほとんど唯一の師と思っている。それほど先生に負うところが大きい。それはただ思想上のことだけでなく、私の生涯での危機の一つを、先生はきびしい批判とともに、稀にみる寛容な思いやりをもって支え、乗りこえさせて下さった。そして反対や障害の多かった医学へのささやかな志を、終始力づよく励まして下さった数少ない恩人の一人である。私の精神形成も、人生行路も、先生との出会いなくしては、まったく異なったものになっていたかも知れない」（159頁）と述べている。彼女は自らの「精神形成、人生行路」の上で、三谷に多くを負っているのだと自覚していた。三谷との出会いは彼女が肺結核を発病した1935年であった。三谷もまた同病を病んだことがあり、美恵子の叔父金沢常雄、父多門などと友人であった（『神谷美恵子の世界』、205頁、『川西田鶴子文集』、2003年、31頁）。美恵子は三谷の信仰姿勢、生き方について、「形式より生命が大切なこと、現世に生きていることの重要性、日々の卑近ないとなみの中に永遠的なものを生かして行く責任のあること〔などが〕（中略）知らぬ間にこちらの心の深いところにしみこんでくる」（『三谷隆正―人・思想・信仰―』、161頁）と言っている。つづけて「〔先生の書きもの〕を生かすものは一切のてらいもくさみもよどみもない溌剌とした真理と愛への情熱であるから、読む人の心をゆさぶらずにはおかない。真理への愛は先生をしておどろくべき博識と独創的な思索の人たらしめ、人間への愛はすべて病める者、悩める者への、この上もなくこまやかな思いやりとなってあらわれ、またあらゆる悩みや挫折を建設的なものへと転換させようとする力強い励ましとなって人を支えた。先生が生涯病んで、孤独な生活を送っておられたこと、いかなる形式にもとらわれない信仰に生きておられたことと以上のことは、はなれがたくむすびついていた」（同書、161頁―162頁）と感謝をこめてつづり、自らも自らのもっともふさわしいやりかたで、自らに与えられた生命と役割に忠実に生きるのだと、52歳になった美恵子は告げるのである。

それほど、三谷の生きる姿勢は美恵子をとらえるものがあった。三谷は病いとともに孤独をも友としなければならなかった。彼は1923（大正12）年1月、児玉菊代と結婚し、翌年の3月、長女晴子が授けられたが、3週間後、晴子を失い、同年7月、妻菊代をも天へと送らねばならなかった（同書、430頁、『川西田鶴子文集』、34

頁)。しかし、その悲しみは彼により一層、辛苦の世界、小さき世界に対する「こまやかな思いやり」と信仰に基づく不屈さと希望をもたらしていった。

三谷は1929(昭和4)年に発行した『問題の所在』に次のような小さないのちへの「賛歌」の文章を書いている。

たとへば自然を観よ。何といふ調和でせう。そのいとも小き部分が、そのいとも大なる部分と調和して、いかに小さきに換らざる大さの役目を果たしていることでせう。そこには何ひとつ無意味または無益と見ゆるものがありません。過日私は満地の雪を見て考へました。何故雪は白いのであるかと。その時私の眼前には北の国なる郷里の暗い冬の空が浮かびました。と同時にその暗い空の下にひろがる地面を想ひました。さうして気づきました、地のその白さの故にいかに明るくされて居る北国の冬かと。その時私は想つたのです。雪が白いのは冬を明るくする為だと。(中略)神の在し給ふ限り、而してその神が愛にして且つ全智なる父であり給ふ限り、野末の雑草を蔽ふ雪一遍の衷にも、何か深い意味のこめられてあるに相違ない事であります。(『三谷隆正全集』第1巻、1965年、172頁)

神の愛は大自然に、宇宙に等しく向けられ、小さな野末の雪にも、野の花にも、3

週間で天へと召されていった長女晴子にも注がれている。三谷の書きものは神秘家美恵子の心にしみ渡り、この世の種々のいのちにおのずと心を寄せさせて行く。そして彼女は「むさぼらぬ人」になりたいとの思いを強くもつようになる。また、三谷的な「謙虚に、謙遜でありたい」と考えるようにもなる（『三谷隆正全集』第1巻、134頁）。そして彼女の『若き日の日記』の中で、「人に感心されたとてそれが何だろう。（中略）自分がもし少しでもよいものを現わすことができるとしたらそれはみな、神から人から、それらより数倍多くの恵みを享けたからなのだ。恩恵は人類共通の財産だ。その分前を多く享けたものは少しでも多くそれを以って人をうるおせ。そうせずに、なおもっと恩恵を頂こうとするのは、それは「むさぼる人」のすることだ。」（『1943年12月20日の条」（『若き日の日記』所収）、1984年、141頁）と述べる。

恵まれた豊かな環境に育ち、繊細で、多くのすぐれた能力を有す美恵子はその「恩恵」に感謝しながら、その「恩恵」を独りじめして、貪ることを嫌った。そしてそれは宮沢賢治の作品に触れたときの感想の中にも如実に示されている。1943年12月26日の「日記」は宮沢賢治の全人格、全生涯をよく表す「雨ニモマケズ」の最後のところ、「ミンナニデクノボートヨバレ　ホメラレモセズ　クニモサレズ　サウイフモノニ　ワタシハナリタイ」を抜書きし（同書、142頁—143頁）、翌年1月2日のそれは宮沢の『農民芸術概論綱要』の中の文章、「世界がぜんたい幸福にならないうちは個人の幸福はあり得ない」を抄出している。美恵子は宮沢の作品に触れたことを喜び、彼のように謙遜になって「世界の平和と幸福」を願い、「小さないのちの尊さ」を説き、働く人物になりたいと考える（『日記・書簡』47頁、『新修宮沢賢治全集』第15巻、1980年、8頁）。

二　罪の意識

美恵子は日米関係の悪化などが原因して、1940年7月、アメリカより帰国した。そして1941年6月、医学の世界へ向かうために、東京女子医学専門学校本科へ編入している。美恵子27歳の時である（『神谷美恵子の世界』、102頁）。それから2年後の1943年8月、光田健輔（1876年―1964年）が園長をしている国立療養所長島愛生園へ12日間の医学実習のために向かう。その時に作られたであろう一つの詩がある。

光うしないたる眼うつろに　肢うしないたる体担われて
診察台にどさりと載せられたる癩者《ママ》よ、私はあなたの前に首を垂れる。
あなたは黙っている。

かすかに微笑んでさえいる。
ああしかし、その沈黙は、微笑みは　長い戦の後にかち得られたるものだ。
運命とすれすれに生きているあなたよ、
のがれようとて放さぬその鉄の手に　朝も昼も夜もつかまえられて、
十年、二十年と生きて来たあなたよ。
何故私たちでなくてあなたが？　あなたは代って下さったのだ。
許して下さい、癩者よ。
浅く、かろく、生の海の面に浮かび漂うて、
そこはかとなく神だの霊魂だのと　きこえよき言葉をあやつる私たちを。
かく心に叫びて首たるれば、あなたはただ黙っている。
そして傷ましくも歪められたる顔に、
かすかなる微笑みさえ浮かべている。

（『うつわの歌』、1989年、7頁―9頁）

［これを資料として用いなければならないので、そのままハンセン病を「癩」という呼称で使用したことを断らせていただく。］

長島愛生園での医学実習は美恵子にピエタ（pieta,「十字架上で亡くなったイエスの

亡骸を抱いて嘆き、悲しむ母マリアたちを主題とした祈念像」）を思わせ、キリストの死を嘆き悲しむ母マリア、弟子たちの思いと重ねさせた（J. Pelikan, The Illustrated Jesus through the Centuries, p.12）。そしてどうして診察台のハンセン病者が「私たちでなく、なぜあなたなのか、あなたが代って下さったのか」とのつぶやきとなって心の底よりわき出た。それとともに、人々に愛と救いをもたらしたイエスの十字架上での叫び――「エリ、エリ、レマ、サバクタニ（わが神、わが神、なぜわたしをお見捨てになったのですか。）」（マタイによる福音書27・46）――がマリアや弟子たちの心を突き刺すように、美恵子のそれをも貫き通したようだ。

彼女はこの実習で「負い目の感情」「罪責感（a sense of guilt）」を強く抱いたと語る（『人間を見つめて』、141頁）。彼女がハンセン病療養所を最初に訪ねたのは1933年であった。叔父の金沢常雄が多磨全生園で開かれるキリスト教の集会で話をすることを頼まれ、美恵子はその集会でオルガンをひくことを求められたからである。彼女はその折のことを記している。「［このハンセン病という］病気について何も知らなかった者にとって、患者さんたちの姿は大きなショックであった。自分と同じ生を享けてこのような病におそわれなくてはならない人びとがあるとは。これはどういうことなのか。どういうことなのか。弾いている賛美歌の音も、叔父が語った聖書の話も、患者さんたちが述べた感話も、何もかも心の耳には達しないほど深いところで、私の存在そのものがゆさぶられたようであった」（同書、133頁）。

この訪問は「心の耳には達しない深いところで」全存在をゆさぶりつづける体験となったという。それは言い古された「因果応報」などという言葉で、病者やその近親者を諦めさせ、納得させて、治まるような「ゆさぶり」ではなかった。若い美恵子（19歳）も、この世界が矛盾、悲哀、不条理の積もったところ（『三谷隆正全集』第1巻、154頁）だということを知った。そしてその矛盾と悲哀について、美恵子の「慈愛のふかいおじいさま」である新渡戸稲造は『人生雑感』（1915年）で次のように語る。


宇宙全体が悲哀に満ちたものではあるまいかとも思はれ、進化は悲哀の歴史ではなかろうかとも疑はれる。故にゲーテは歌つた「汗を以てパンを食ひ或は終夜睡らずして悲哀に泣いた者にあらざれば、如何なる天賦の力が悲哀の中にあるかを知り得ない」と、本当だ、人の悲哀は偶然でないなら悲哀には悲哀の使命があるに違ひない。天が人の泣き顔を見るのを嫌ふならば、此悲哀には何か意味が潜んで居る筈である。悲哀の意味を知らなぬ人は未だ人生の真相を解しては居ない。

（61頁）

キリストを「悲哀の人」ととらえ、「キリストの苦難の十字架の道」を己が道として生きる教育者、平和主義者新渡戸が『人生雑感』を通して多くの青年たちに語りかけた。しかも、この新渡戸も「悲哀」を深く知るものであった。一人っ子の遠益を生後まもなく亡くし（1892年）、新渡戸の栄達を望んでいた母勢喜の死に目（1880年）に間に合わなかった悲しみを持っていた。新渡戸が述べる「悲哀の意味」を美恵子も問わなければならない。そしてその時が訪れた。それは前述した肺結核を発病し、1935年から36年まで、軽井沢の山荘での療養生活を送る時であった。彼女はまだ死の病と言われていた肺結核と一人で軽井沢で向き合うことになった。規則正しい生活をし、栄養をとり、きれいな空気を吸って、原典で読みたい書物を読むという「修道女」のような生活を行った。フランス語、英語が堪能だった彼女はその療養生活でダンテ（A. Dante 1265年―1321年）の『神曲（Divina Commedia）』をイタリア語で読み、ヒルティ（C. Hilty 1833年―1909年）の『眠られぬ夜のために（Für Schlaflose Nächte）』をドイツ語で読んだ。また、英語科高等教員検定試験の書物も取り寄せ、学び、1935年11月、同試験に合格し、肺結核も治癒した。しかし、翌年の1936年、肺結核を再発し、軽井沢で療養生活に入った。一人での療養生活は真理を求めつづける「死への準備」となった（『人間を見つめて』、135頁）。彼女はギリシャ語を独習して、新約聖書、プラトン（Platon 前427年―347年）そして後に翻訳して出版するマルクス・アウレーリウス（Marcus Aurelius　１２１年―１８０年）の『自省録（Ta Eis Heauton）』（創元社より１９４９年に翻訳）などを読破していった。死を見つめる彼女にとって、『自省録』は心にしみた。

その『自省録』の中に、こんな文章がある。「今後なんなりと君を悲しみに誘うことがあったら、つぎの信条をよりどころとするのを忘れるな。曰く「これは不運ではない。しかしこれを気高く耐え忍ぶことは幸運である。」」「執拗に人生に執着した人びとを思い出してみることだ。夭折した人びととくらべて彼らの方がなにか得をしているだろうか。（中略）その時間の相違は短いものだ、しかもその期間どれだけの苦労を経て、どんな仲間と一緒に、どんな身体の中で過ごしたことであろう。（中略）君のうしろに永遠の時の淵が口を開けているのを見よ、また前にももう一つの無限のあるのを。」「明けがたに起きにくいときには、つぎの思いを念頭に用意しておくがよい。「人間のつとめを果すために私は起きるのだ。」自分がそのために生まれ、そのためにこの世にきた役目をしに行くのを、またぶつぶついっているのか。（中略）いったい全体君は物事を受身に経験するために生まれたのか。それとも行動するために生まれたのか。小さな草木や蟻や蜘蛛や蜜蜂までがおのがつとめにいそしみ、それぞれ自己の分を果たして宇宙の秩序を形作っているのを見ないのか。」（神谷美恵子訳『自省録』、２００７年、69頁―71頁）。

から松、あか松、白樺などの木々に囲まれ、険しい山々の傍に身をおき、茜色から濃紫へと移る夕暮れや真っ暗な、静寂の夜と親しむ軽井沢での療養生活は、人間の小ささ、誕生の意義、つかの間のいのち、存在するものの役割、この世の悲哀と苦難などに心を向けさせる。そして繊細ながらも、こうしたことを思索しつづける彼女は療養生活の中で、時には絶望や怒り、自己嫌悪に呻いたこともあっただろう。しかし、耐え忍びつつ、思索し、療養する中で、諦念や希望や使命や神の愛を知ったことだろう。彼女が書籍を通して親しんだ哲学者、シモーヌ・ヴェーユ（Simone Weil, 1909年―1943年）も『神を待ち望む（Attente de Dieu）』の中で、「神のあわれみは不幸そのものの中に輝きます。慰めのない苦しさの奥底で、その中心で輝くのです」（『シモーヌ・ヴェーユ著作集』Ⅳ、1967年、54頁）と言う。そしてヴェーユは「地球にひろがっている不幸は、私にたえずつきまとい、私をうちのめします。私みずから多くの危険と苦悩にあずからない限り、これらから解放されることはない」（『旅の手帳より』、1981年、268頁）と呻き、悲哀と不幸に身を寄せ、それらの解放を望み、働きつつ、神の愛に触れていく。

そうしたヴェーユの祈念と類似した生き方を模索する美恵子は1936年12月、詩「うつわの歌」を作っている。彼女の肺結核の治癒はその翌年の1937年であった。「死の準備」の中での祈りと思索は次のように詠わせた。

私はうつわよ、愛をうけるための。
うつわはまるで腐れ木よ。
いつこわれるかわからない。
でも愛はいのちの水よ、みくにの泉なのだから。
あとからあとから湧き出て、つきることもない。
うつわはじっとしてるの、うごいたら逸れちゃうもの。
ただ口を天に向けてれば、流れ込まない筈はない。
愛は降りつづけるのよ、時には春雨のように、時には夕立のように。
どの日も止むことはない。
とても痛い時もあるのよ、あんまり勢いがいいと。
でも同じ水よ、まざりものなんかない。
うつわはじきに溢れるのよ。
そしてまわりにこぼれるの。
こぼれて何処へ行くのでしょう。
——そんなこと、私は知らない。
私はうつわよ、愛をうけるための。

私はただのうつわ、いつもうけるだけ。

（『うつわの歌』、17頁―19頁）

自らを、神に作られた「うつわ」とし、その「うつわ」にもられた神の愛を人々に渡してゆこう。それがいかなる方法で行うかは分からないが、誠実に、自らの神より与えられた役割を果たしてゆこう。軽井沢での療養生活は彼女に使命にいきることを教えつつあった。それは死の病から「生還」したものが、残された「いのち」をこの世の苦悩、悲哀のもとで使い、そこに希望と喜びと幸福が訪れることを念じて、働くことと似ている。「罪責」は長島愛生園訪問以前から、彼女の中にあったようだ。美恵子は肺結核になる前の1934年1月27日、共に神を見上げ、キリストに従って生きようとした相思相愛の野村一彦（作家野村胡堂の長男、東京帝国大学文学部美学専攻に在学）を腎臓結核で亡くした（野村一彦著『会うことは目で愛し合うこと、会わずにいることは魂で愛し合うこと。』、2002年、220頁―232頁）。その一彦の思いの分をも背負って、キリストに従って神の愛を表すとはどのようなことなのか。アメリカへの留学はその問いをひそかに心にひめたものであったはずだ。

美恵子の著書『遍歴』によると、1933年に初めて、ハンセン病療養所多磨全生園訪問以来、医学を志向していたと言う。そして肺結核で療養中もその志は消えることなく残り、ペンドル・ヒル学寮でも、それは温められ、同室の浦口真左（ペンシルヴェニア大学で植物学を専攻）からも医学への方向転換を進められた（『遍歴』、1980年、135頁―142頁）。このペンドル・ヒル学寮時代の1939年5月、父や妹と一緒にニューヨークで開かれた万国博にでかけた。その見学の様子を記した「日記」の5月13日（土）の条に、「〔万国博参加館〕の中でも一番惹かれたのは Public Health Medicine〔公衆衛生医学〕と英国の社会事業の部だ。そうした所の前に来ると、私は吸いついた様になって動かないという。その様子を（中略）代る代る母上に説明した時だった。父上はふと笑いながら言われるには「美恵子は医者になるかなー君も医学にとりつかれたのだろう。それが何か運命なんだろう。いい俺もあきらめた。俺の生きている限り応援してやるからやれ」。（中略）突飛な事の嫌いな父上が、そして四年前にあれほど私の志望に反対された父上がーあまりの事に圧倒された。」翌日の「日記」は「父上はたしかにこれが私の行くべき道だろうと信ずると言われる。「これほど好きじゃ駄目だと思ったよ。何しろもう顔色が変るんだもの」と。母上も「癩病《ママ》のところに行きさえしなければ」と言われる。（中略）私はもっとも自然な結核患者のことを頭に置いて予防医学に進もうと思う。」と記す（『日記・書簡』、11頁―12頁）。

医学への志向は多磨全生園訪問、療養生活の中でも変わらず保ちつづけられていたことが「日記」より推測できる。しかも、それはハンセン病医療への志であったことも分かる。けれども、その時は両親の反対が強かったのだろう。しかし、この度の父の許しのもとで、現実化した医学への道は愛する一彦を奪い、自らも病んだ結核を視野に入れた予防医学を専攻しようと決意させる。

しかし、アメリカでの医学修行は日米関係が悪化する中で継続することは難しくなった。1939年、コロンビア大学理学部・医学進学コースへ転籍しての学びを中断して、1940年7月、帰国しなければならなくなった。それは断腸の思いであったようだ。帰国後、吉岡弥生の特別な計らいで東京女子医学専門学校本科に編入学が許された（1941年6月）。彼女はその時の思いを次のように記している。

日本では女子はまだ大学に入れてもらえない時代で、道は女子医専に行くしかなかった。コロンビア大学とくらべてレベルはぐっと下がると思うと残念でならなかったが、帰国に踏み切るよりほかなさそうに、時局は見えてきた。（中略）父と別れ、戦争の始まる直前に日本に帰った。ただちに東京女子医専の校長吉岡弥生女子にお願いし、本科へ編入学させて頂いた。全く例外的な措置を許して下さった先生の度量を感謝するばかりである。

（『遍歴』、154頁）

三　精神医学へ——おわりにかえて——

医学の学びは美恵子に喜びを与えていた。編入学後、一年近くが過ぎた１９４２年5月20日の「日記」は「ああ神様、長い長い曲がりくねった路を歩んだ果てにこんなところにまいりました。人生の門出にまたまいもどったのでございましょうか。ともあれ、これから、新しく歩み出でんとするこの路に祝福を与えたまえ。過去を悔やみはしない、その中によきものを育んでくれた人々に感謝する。(中略) しかし、これからは全く新しい歩みだ。(中略) 数学がしたい心理学がしたい、と昔は言っていたが、医学はそれらみなを含み、心理などに至っては、医学をせずに心理は出来ないとさえ言えるのだ。今、この道に進めることを何と感謝したらよいのだろう。」(『日記・書簡集』、28頁) と記す。

内省の人、自らを「畸形の人」ととらえる美恵子は心と魂の分析・考察できる医学を学べることを幸せだとしている。一方、ハンセン病への関心も断ち切られていなかったようだ。１９４２年5月30日の「日記」は、吉岡校長が学生たちにハンセン病療養所長島愛生園訪問と、ハンセン病研究に志願するものを望むと言ったことを記し、吉岡の言葉に「痛いような感じ」と自らの気持ちを書いている(『若き日の日記』、25

頁）。そして同年11月9日、ハンセン病の権威である太田正雄（１８８５年―１９４５年、東京帝国大学医学部教授）の研究室を訪ねている。太田は医学者であるともに、木下杢太郎の筆名で、作家、詩人、キリシタン史研究者として作品を表した。医学を求め、芸術を愛し、書くことを望む美恵子にとってすぐれた先生との出会いである（同書、47頁）。この研究室訪問の６日前の「日記」は「木下杢太郎選集欲しきものと思って東中野の古本屋に立ちよるとちゃんとあった。（中略）太田先生の全貌（？）を知り得る心地してうれし」とある（『日記・書簡集』、32頁）。そして医学と芸術と創作活動に身をささげる太田研究室を訪ねた感想をつづった翌日の10日の「日記」は「太田先生のお体とお顔は科学と芸術にささげてもやし尽くした体の残骸のようにガタガタした感じがする。長い年月の研究生活の荷にこごめられた肩を眺めながら科学者の忍耐、克己、努力を思い、深いしわの入ったお顔に、長い年月の間、あらゆる思想や感情にするどく、こまやかにヴァイブレイトした心琴の跡を見た。私もまた自分をもやしつくして、こんなにガタガタになって見たい」（『若き日の日記』、51頁）と、ハンセン病研究に携わる太田の跡を踏んで行きたいとの望みを述べる。

その彼女がハンセン病研究か、精神医学かに迷いだした。それは知人の主治医である精神科医、島崎敏樹（１９１２年―75年、島崎藤村の従弟）に出会ったことによる（『存在の重み』、２７９頁）。１９４３年５月25日の「日記」は「バッハの曲ばかり組まれた音楽会」にその知人と出かけ、当時、東京帝国大学医学部精神科医局長の島崎と語らったことが記されている。そして島崎の印象は「一種異常なインテンシティを帯びた眉目秀麗な白皙の青年」であったと述べる（『若き日の日記』、95頁）。その強烈な印象を与えた青年医師が美恵子に「精神医学を勉強したことがありますか」と問いかけ、「ブムケ（O. Bumke, 1877年─1950年）、クレッチマー（E. Kretschmer, 1888年─1964年）、ヤスパース（K. Jaspers, 1883年-1969年）」たちの書物を次々に貸し、人間の精神世界の深みを知らせていった（『本、そして人』、88頁─89頁）。

美恵子は1943年8月5日から12日間の医学実習に長島愛生園に出かける。同園から戻って以降、彼女はハンセン病を専攻するかどうかに迷いだす。8月26日の「日記」は「母上『房子』とレプラ志望の話をする。母は良く分って下さる」（『若い日の日記』、111頁）と述べる反面、8月28日のそれは「果たしてお前に耐えられるか、欲の深いお前に？」と、心のうちの囁きを記し、つづけて「ひえびえした空気の中で長島以来のことを考え続けている。私は英雄でない」（『日記・書簡』、44頁）と、自らの決意を鈍らせる不安を記している。後に、長島愛生園の精神科医長となる美恵子であるが、この時は「レプラ志願」者として邁進することが「英雄的」だと人々からみなされ、それ故、「犠牲、献身」を無理に自らに課すことになることを恐れた。その人々の注目とそれに応えようとする難しさ、厳しさに耐えられるのかと反問しつづけていたようだ。それは1943年12月16日の「日記」にも表れている。「精神科は学問的にレプラより遥かに魅力あり、精神的には人に騒がれること少なく、クランケにかつがれる絶対にない地味なかくれた道として心惹かれる。しかし、すべては聖旨のままに！」（『若き日の日記』、140頁）。彼女は周りから「献身的」だとみなされることなく、「無償」に、地味に働ける精神医学、しかも、自らの精神をも分析理解できるそれに魅せられていった。

そうした変化を、先生の三谷に告げたのだろう。三谷は1944年1月17日付けの書簡で返答している。　三谷は答える。「貴女は半年後に早くも御卒業とか、さうして新たに精神医学に心を惹かるるとか。然しそれは少し気が多過ぎると思ひます。初めの愛の結核はどうなったのか。小生が云ふと我田引水に聞こえるかも知れぬが、結核は現下日本の最大最深の医学問題だと思ひますがね。レプラだって結核と離して扱へる問題ではないのではないですか。初めの愛にかへつて、それだけに専心していただき度思ひます。然る後研究の自然の発展として終にはレプラにも精神医学にもメスが及ぶに至るのは良いが、出発の門戸は最初に志を向けた門戸をそのまゝ真直に入つて終ふ方が望ましと思ひます。多才に禍されて多気に誘はるることなきやう、賢明なる貴女の前に敢て婆心を披瀝しました。」（『三谷隆正全集』第5巻、614頁）。

これはすぐれて、豊かな、多岐にわたる才能を有し、「人の世の苦しみにあずかりたい」（『若き日の日記』、140頁）との気質をも備えた美恵子を十分に知り尽くした先生三谷の教示である。その先生が1944年2月17日に天へと召された。翌日の美恵子の「日記」は「先生の人格的感化はどれほど広く深いものであろう。お弟子の一人に加えて頂けた幸せを思う。たとえ先生の仰せ通りに（精神科をやらないで）結核へ行く事が出来なくとも「多気に誘わるる勿れ」とのお言葉を守って一旦えらんだその途を死守して御恩返しをしようと心に誓う。」と恩師の言葉をかみ締めて歩みたいとつづる（『日記・書簡集』、48頁）。そして「日記」の2月20日は「午後一時から〔姉三谷民子が院長である女子学院講堂で〕三谷先生の告別式、矢内原〔忠雄〕先生司会、〔金沢〕常雄叔父様祈祷、守谷英次氏、南原繁先生御話。川西〔実三〕小父様が略歴をお読みになった」（同書、49頁）と、内村鑑三の弟子たち、三谷の弟子（守谷は三谷の第六高等学校時代の教え子）の手で、告別式が行われたことが記されている。そして2月22日の条は「内村〔祐之〕先生が一度話しに来い」と伝言されたことが記され、23日は「午前休んで内村先生に御面会し、九月に入局と決定（中略）後明石〔みち代〕さんと一緒に島崎「敏樹」先生とお話をした。（中略）運命が決定したかと思うと呆然として何事も手につかず。ああこれで私もこの世につながれてしまったのか。」（同頁）と記す。

三谷の死後、美恵子の行くべき道が示されていった。美恵子は1944年9月以降、東京帝国大学医学部精神科医局に入局することが決まったと記す。そしてこの「日記」に出てくる精神科医、内村祐之（１８９７年―１９８０年）は鑑三の長男であり、当時、東京帝国大学医学部教授であった。三谷の死は美恵子の道を開かせた。多才、多気な彼女は自らの資性、気質をなんとか受け入れられるようになり、「神の器」として「わが道」を求め、歩もうとの境地まで達しだした（『本、そして人』、２６２頁）。しかし、その求道はきびしく、果てしない。その果てしなさを髣髴とさせる東京女子医学専門学校卒業（１９４４年9月、首席で卒業）後の彼女の「日記」を抄出して結ぶ。

それは東京が空襲に見舞われている１９４４年12月4日の条。

「自分と全然構造の違う人、自分と何等相通ずるところのない人の構造や思想をも理解しeinfühlenしたい。そういう意味でも精神科はやらねばならぬ。また神経学をも忠実にやって、Das neurologisch Bedingte〔神経学的に条件づけられたもの〕に対する理解を深めたい。でなければorganisch〔器質的〕な欠陥を有する人を如何に理解し得ようぞ。　人を理解し、包容し、育むこと、このために信仰、学問、芸術、愛、を総動員するのだ。　祈り。　誰でも、どんな人でも包容し得るように、誰とでも、その人のレベルに立って話ができるように、しかも決してcondescending〔優越感を意識しながらへり下って〕patronizing〔恩に着せるような」でなく、自分もそのレベルの自分を赤裸々に吐露して、そこで相手とぶつかるような真実な態度をとり得るように。　相手に応じて自分の裡なるものを取り出すように、決してまずひけらかすようなことをせぬように。　相手にすがることはしないで、しかも自分の弱さはさらけ出すように。強さより弱さを出すように。「大地の母」たり得るように。」　（『若き日の日記』、234―235頁）。

資料、参考文献

『神谷美恵子コレクション（生きがいについて）』みすず書房、2004年。

『神谷美恵子コレクション（人間を見つめて）』みすず書房、2004年。

『神谷美恵子コレクション（本、そして人）』みすず書房、2005年。

『神谷美恵子著作集3（こころの旅）』みすず書房、1982年。

『神谷美恵子著作集5（旅の手帳より）』みすず書房、1981年。

『神谷美恵子著作集6（存在の重み）』みすず書房、1981年。

『神谷美恵子著作集9（遍歴）』みすず書房、1980年。

『神谷美恵子著作集10（日記・書簡集）』みすず書房、1982年。

『神谷美恵子著作集補巻（若き日の日記）』みすず書房、1984年。

『神谷美恵子著作集補巻2（神谷美恵子　浦口真左往復書簡）』みすず書房、1985年。

神谷美恵子著『うつわの歌』みすず書房、1989年。

みすず書房編集部『神谷美恵子の世界』みすず書房、2004年。

野村一彦著『会うことは目で愛し合うこと、会わずにいることは魂で愛し合うこと。神谷美恵子との日々』港の人、2002年。

『三谷隆正全集』第1巻岩波書店、1965年。

『三谷隆正全集』第2巻岩波書店、1965年。

『三谷隆正全集』第4巻岩波書店、1965年。

『三谷隆正全集』第5巻岩波書店、1966年。

南原繁他編『三谷隆正―人・思想・信仰―』岩波書店、1966年。

『新渡戸稲造全集』第9巻教文館、1969年。

『新渡戸稲造全集』第10巻教文館、1969年。

『新修宮沢賢治全集』第7巻筑摩書房、1980年。

『新修宮沢賢治全集』第15巻筑摩書房、1980年。

川西田鶴子著『主に負われて』新教出版社、2003年。

「三谷民子」編集委員会編『三谷民子―生涯・想い出・遺墨―』女子学院同窓会、1991年。

江尻美穂子著『神谷美恵子』清水書院、1995年。

柿木ヒデ著『神谷美恵子　人として美しく』大和書房、1998年。

太田雄三著『神谷美恵子のこと―喪失からの出発―』岩波書店、2001年。

藤倉四郎著『カタクリの群れ咲く頃の―野村胡堂・あらえびす夫人ハナ―』青蛙房、1999年。

佐藤全弘著『新渡戸稲造―生涯と思想―』キリスト教図書出版、1984年。

拙稿「クエーカーとしての新渡戸稲造」(『名古屋学院大学論集《社会科学篇》38―3所収)、2002年。

『シモーヌ・ヴェーユ著作集』Ⅳ春秋社、1967年。

ヒルティ著・草間平作他訳『幸福論』第1部―第3部岩波書店、2006年。

マルクス・アウレーリウス著・神谷美恵子訳『自省録』岩波書店、２００７年。
岩田靖夫著『アリストテレスの倫理思想』岩波書店、１９８５年。
R. M. Jones, The Faith & Practice of the Quakers (Indiana: Friends United Press, 1927)
H. Barbour and J. W. Frost: The Quakers (New York: Greenwood Press, 1988)
H. H. Brinton, Friends of 300 Years (Philadelphia: Pendle Hill Quakerback, 1965)
J. Pelikan, The Illustrated Jesus through the Centuries (New Haven: Yale University Press, 1997)
A. E. McGrath, Christian Spirituality (Oxford: Blackwell Publishers, 1999)
G. Martinez, Confronting the Mystery of God (New York: Continuum, 2001)
J. Cropsey: Plato's World:Man's Place in the Cosmos (Chicago: The University of Chicago Press, 1995)
W. J ames, The Varieties of Religious Experience (New York: Dolphin Books, 1902)
ウィリアム・ジェイムズ著、比屋根安定訳『宗教経験の諸相』誠信書房、１９５７年。

5　悲哀の人、新渡戸稲造

はじめに

「悲哀苦悩」が充満する人間とその存在が暮らす社会、それを鋭く感知し、それを凝視する新渡戸稲造（1862年―1933年）。しかも、彼が信じるイエスもまたそれを見つめ、その克服に取り組んでいた。すべての生命は尊くて、無残に踏みにじられるべきものでなく、あらゆる生命は豊かな可能性を伸長させる機会が与えられこそすれ、それを徹底的に奪われる状態に置かれるべきではないと、イエスは捉えた。彼は言う。「空の鳥をよく見なさい。種も蒔かず、刈り入れもせず、倉にも納めもしない。だが、あなたがたの天の父は鳥を養ってくださる。あなたがたは、鳥よりも価値があるものではないか。」（マタイによる福音書6・26）と。そこには、苛酷な自然の中で懸命に生きる鳥を見守る愛の神がいる。また、一つひとつの生命を育む神への「いのち」造られたものの信頼がある。このマタイによる福音書6・26のように、新渡戸もまた神の大きな愛の支配のうちで育まれていることをその都度知らされ、神に絶対的な信頼をおく者の一人となっていった。そしてその信従は教育活動を通して人格としての人間の育成、内面的・霊的な人格の確立の意義を広範囲の人々に伝えさせることになった。

一　クエーカー

米国ボルチモアのジョンズ・ホプキンス大学に在学する新渡戸（太田）稲造から札幌農学校で教鞭をとる親友の宮部金吾（後の北海道帝国大学教授、植物学者）にあてて、書簡（1885（明治18）年11月13日付け）が送られた（『新渡戸稲造の手紙』、172頁―173頁）。新渡戸は前年の84年9月に渡米し、同10月からボルチモアの同校で、経済学・史学などを学びだした。[1] このジョンズ・ホプキンス大学での一年間の学生生活を過ごした後の書簡は信仰に基づく平安を摑み、将来への希望を綴っている。新渡戸は語る。「ぼくは日曜日ごとに「クエーカーの集会（A Quakers' Meeting）」に出席しています。あの単純で真面目なところが非常に気に入りました。」「カボ君〔宮部金吾〕、永年にわたり、心の中の苦悶苦闘を続け、罪悪を重ねたのち、ぼくは「神への奉仕」に全身全霊をささげてきました。それ故、今では、神の御名をもっとも讃美し、人々の霊魂をキリストへと導くことができるようなポストであるなら、たとえそれがどれほど世に知られない隠れた職場であり、身分の賤しいものであろうとも、喜んでその地位につきたいと念じています。」（『新渡戸稲造全集』（以下、『新渡戸』と略記）第22巻、256頁、258頁。『新渡戸』第23巻、423頁、425頁。）と。

ボルチモアの質素・誠実で、信義を重んじるクエーカーとの交わりや、キリストとの霊的交わりを待ち望む黙想を中心としたその礼拝に心を動かされたことを綴っている。しかし、アメリカの教会すべてが新渡戸の魂をゆさぶり、彼の信仰を育む滋養分をもっていた訳ではなかった。彼が1886年にボルチモアで執筆した論文「アメリカの宗教的印象」の中に興味深い内容が記されている。そのところ抄出する。「さて、このキリスト信徒の群れ〔札幌農学校生を中心とした札幌のキリスト者の群れ〕の一人〔新渡戸稲造〕が、それまでたくさん耳にしていたアメリカへ来たと思ってもらいたい。アメリカ人こそは、地球上で最も宗教的な国民であり、宣教師がそこから何人も来ているし、その国も弱小国との交渉において最高の名誉を主張している国である。」（『新渡戸』第21巻、255頁。『新渡戸』第12巻、370頁—371頁）。

新渡戸が札幌農学校で「米国教師」や「英語の書籍」を通して知った「キリスト教国」アメリカへの憧れ、そこに暮らす「キリスト者」への期待が大きかったことが記されている。しかし、その憧憬は実際の「よくはやる教会（The Fashionable Churches）」の礼拝に出席することによって次の印象となっていった。「正直に言えば、永い間これらの儀式や礼拝を見て、私は、ここでは宗教は芸術に—術策でないとすれば—なってしまっていて、個人の人格に立つ宗教は見出されないのだ、という印象だけを受けていた。教会堂はさながら建築のすぐれた標本と見え、説教は修辞、讃美は声楽、〔礼拝〕出席は社会から立派な人と思われるため、男も女も眺め眺められるために参集していると思われた。

異郷の国から来た、未開化、半野蛮なペリシテ人〔新渡戸〕には、これらキリスト教の儀式や芸術の、深い歴史的意味合いは判らないのでもあろう。そうかもしれないが、私は（中略）芸術など判らない、素朴な田舎者でありたいと思うのである。（中略）多くの教会でやつれた顔をさがし、木綿服を着た人を探しても見つからない。一日三度の飯もやっとの貧乏人でさえ、もっと幸運な姉妹と教会で席を並べるには、ちゃんとしたドレスを着て行かねばならないのでる。」（『新渡戸』第21巻、256頁―257頁。『新渡戸』第12巻、271頁―272頁）。

アメリカの「よくはやる教会」の様態は、広大な自然に囲まれた札幌農学校の寄宿舎で、青毛布をかけたメリケン粉樽を講壇として礼拝を守り、宮部金吾や内村鑑三たちと一緒に聖書を学び、共に全身全霊を傾けて祈った新渡戸にとって中々受け入れにくいものであった（内村鑑三著『余は如何にして基督信徒となりし乎』、35頁―38頁）。

新渡戸がボルチモアのクエーカーの機関紙「インターチェンジ」に寄稿した論説「私が友会徒となった理由（Why I became a Friend?）」は社交的で、華麗、荘厳な「よくはやる教会」にそぐわない「簡素、平明、地味」に引かれたとの言葉を基調として綴られている(『新渡戸』第22巻、46頁-49頁。『新渡戸』第23巻、242頁-245頁)。彼の信仰の故郷、北海道の自然に抱かれた札幌の「信仰共同体」はアメリカの「よくはやる教会」に違和感を抱かせ、それと距離を保たせた。[2]

このように札幌の簡素で、友情のあつい「信仰共同体」から甚大な影響を受けた他に、彼は英国の歴史家、カーライル(Thomas Carlyle, 1795年—1881年)の書籍『サーター・リサータス(Sartor Resartus)』からも生きる上での指針を与えられた。[3]新渡戸は1903(明治36)年8月に発行された「女学雑誌」第519号の「ゲーテとカーライル」の中で、札幌農学校時代にカーライルの「サーター・リサータス」とめぐりあった感激を記している。「(明治13年)、十七であつたかと思ふが、人間ナミにソノ病(「煩悶苦痛」)にかゝり、何も面白くない、熱心も起らないたゞムヤミに書物が読んで見ても一向気に張が起らない。スルト、或日、インデペンデント(雑誌)を読むと、カーライルの一句が掲げてあつて、夫が非常に心を動かした。生き返る様な心持が為ました。(中略)その年、東京に出て、丸善で聞いて見た。カーライルのサアトル、リサルタスと云ふのは無い乎。スルト、丸善で、ナニ、カーライル、ソンナ本は無い(中略)やうやく西洋人に頼んで、ワザワザ取寄せて貰つた位の事でした。◎それよりは、サアトル、リサルタスを何度読んだか知らぬ一四辺までは、シルシをつけたから分つて居るが、大抵、十八遍は読んだと思ふが、其時生命を救つてくれた大恩人であるのみならず、今もつて恩人である。（中略）私に取つては、聖書に次ぐの一大書籍である。」（「女学雑誌」第519号、25頁）と。

『サーター・リサータス（衣裳哲学）』への傾倒と、それによる「憂鬱・煩悶の状態」からの脱却、蘇生のことが年を経るうちに客観化され、平明に語られる。この新渡戸の憂鬱は札幌の「信仰共同体」の者たちの心配でもあった。宮部は「〔新渡戸は〕卒業前〔明治〕一二年の頃より多読の結果思想に動揺を来たし殊に神学上の懐疑に陥り憂鬱な人となつてしまひました」」（『新渡戸』別巻、12頁）と案じ、また、内村は「〔新渡戸は札幌農学校生の頃〕すべての事を疑〔い〕（中略）陰鬱複雑な懐疑をもつて〔信仰共同体〕の熱心を冷却させ」（『余は如何にして基督信徒となりし乎』、34頁）ると悩んだ。しかし、こうした「煩悶懐疑」の「闇」は友だちの心からの祈りと、『サーター・リサータス』に刻まれた言葉を通して少しずつ希望の「光」のうちに飲み込まれていった。その一端は1918（大正7）年に軽井沢夏期大学で行った『サーター・リサータス』の連続講演の速記をもとに出版された『衣服哲学講義』での彼の語り口からも窺われる。

新渡戸は講じる。「今まで Hope と思つて追ひ求めて居つたのは真正の Hope でなく、false shadows of Hope であつた。一体自分の望んで居つたことは或は名誉か、或は金銭か、或は美人か、或は学問知識か。そんなものではない。人生に全き満足を与へるものはそんなものではない。（中略）どういふわけでかうなつたか知らぬが一種の治癒を得た。慈悲深い上帝〔＝神〕の力によつて病気を治す眠りに沈んでゐる間に、重苦しい幻影の如く怖ろしかつた夢がだんだん消えてしまつて、眼が覚めて見ると新しい天、新しい地の裡にあつた。」「汝が苦しんでゐるのは Time の怖ろしい波の上、怒涛の間にさまよつてゐる為ではない。この破船で流されゐると思つてゐるのは、怒涛の為に苦に陥つてゐるのでなく、汝が愈々 Eternity の青天に運ばれる道にあるのである。享楽を愛せず、神を愛せよ。これが永遠の肯定、Everlasting Yea である。これに達すれば、総ての矛盾は氷解される。この道に歩み又いそしむ者は福である。"Love not Pleasure; love God."といふこの Everlasting Yea の教訓の中に歩むことは、己の為にそれこそ幸福であり好ましいことである。」「かふいふやうな考へになつて私自身の意志に光明を得た心地がした。これからして自分が如何なる境遇にあらうが、如何なる職業に就かうが、自分の best を尽くし、そして自分なる者が天より与へられた使命を発揮しようと思ふ。今までは混沌たるもので不平と力の浪費があつたが、今や花が咲き天の光が溢れる世界がある」（『新渡戸』第9巻、305頁、315頁—316頁）と。

自分の「野望」追及は「真正のホープ」でなく、「真正のホープと見せかける幻影」「苦汁をともなう影」であることが知らされるとともに、自分自身でなく、「慈悲深い上帝」を見上げ、それに心を強く傾けるうちに少しずつ「煩悶」は消え、自己も「永遠に肯定された存在」だと目醒めさせられていく「サーター・リサータス」の件。それは懐疑と煩悶が神との霊的交わりの中で喜びと平安へと変わっていく「魂の蘇生」を彼に用意するものであった。しかも、この「永遠に肯定」されたとの覚醒、神の広大な愛と、感謝の祈りは神より与えれた己の使命に懸命に向かわせるものでもあった。それも誠実で、地味な利他の歩みであった。

この聖書の次に甚大な影響を与えた「サーター・リサータス」は新渡戸にクエーカーの父、ジョージ・フォックスの存在も教えていった。「〔フォックス〕の心には無上の敬虔と無上の美の光が照り、宇宙は美しい調和の産物だといふことを知つた。（中略）〔フォックス〕の思想は（中略）とにかくGodと称すべきものと自分が交つた直伝である。」（同書、287頁、289頁）と。

神との霊的交わりを祈り求める素朴な札幌の「信仰共同体」、天然の中で友愛を培うこの「信仰共同体」を揺籃とする新渡戸が、神の統一と創造の宇宙の内で、神との霊的交わりをもちつつ、真面目に、謙遜に生きるボルチモアのクエーカーに親近感を抱くようになるのは分かる。そしてこの共感が、1886年にボルチモア友会会員とならせ、1891年1月には、クエーカーのメアリー・パターソン・エルキントン(Mary Patterson Elkinton)と結婚させた。新渡戸はかかる展開を神の摂理と感謝をもって受け入れ、クエーカー主義のみが札幌の「信仰共同体」で育まれた日本人キリスト者を信仰的にも、人格的にも豊かに成長させる教えであると納得した。[4]

二　悲しみ

新渡戸が米国留学後、ドイツにも渡り、ボン大学、ハレ大学などでも学んだ。[5]そして1891（明治24）年2月、メアリーを伴って帰国し、同年3月より札幌農学校教授に任ぜられた。担当科目は農政・農業史・植民論・経済学などであった。翌年の1892年1月、長男遠益が誕生した。しかし、遠益は生後間もなく死亡し、大きな悲しみが札幌の二人に訪れた。[6]二人がその悲しみと向き合う同年4月、新渡戸はアメリカの義弟ジョセフ（Joseph Elkinton）に「悲しみ」について綴った書簡を送っている。

新渡戸は語る。「ある日私が病床のメアリーの傍らに座っていたとき、ふと心に浮かんだことがありました。ひとつの発見とでも言わせてもらえましょうか。そのことをお話ししましょう。その前日、私たちはキリスト教徒の生の試練としての苦悩と悲しみについて語り合いました。そのあと、私は幾度となく苦悩の問題について考えました。翌日の晩のことです。書斎のストーブの傍らに腰掛けて、寝室でうとうと眠っているメアリーを見守るともなく見守っていますと、突然ある考えが心に浮かびました。苦悩を通してこそ私たちは「天の王国」に入るのだ、キリスト教は苦悩する人類のために「苦悩する救世主」が創りたもうたもので、今も変わらない、という考えです」（『新渡戸』第22巻、430頁。『新渡戸』第23巻、561頁）と。

遠益の死は人生で起こる「苦悩や悲しみ」に眼を向けさせ、新渡戸夫妻にその意義を考究させていった。稲造にとっても、息子の死は大きな悲哀であった。しかも、その死は彼の心を打ち砕く契機となった。また、絶対超越の神を一層激しく見上げるカイロス、時宜であった。

死は新渡戸を憂鬱にさせる。あの札幌農学校生時代の「煩悶憂鬱」も死が原因の一つであった。それは盛岡の母勢喜の死（1880年7月）であった。親友宮部は勢喜の死について『小伝』に記している。「君〔新渡戸〕をして憂鬱にならしめたも一つの原因は〔明治〕十三年夏君の敬愛の的たる母堂が逝去された事であります。然かも君は十一《ママ》年振りで母堂に面会するのを楽しみに札幌を出立し途中諸所を見物し乍ら何も知らずに盛岡に着いた所二三日前に母堂が他界されたことを始めて知つたのであつて君の悲嘆は譬へやうもありませんでした。」（『新渡戸』別巻、12頁）。宮部金吾（1860年―1951年）が語るように、新渡戸は1871年、叔父の太田時敏の養子となって盛岡から上京（同年8月）して以降、一度も会わなかった母勢喜を盛岡に訪ねた時、母はすでに他界していた。この事実は稲造にとってたとえようもないほどの悲しみであった。[7]

生後まもなく死んだ息子遠益、死に目に会えなかった母勢喜を思うたびに、キリストを仰ぎ、祈り、「悲哀の意義」を問わねばならなかった。[8] 新渡戸は1918（大正7）年に行った『衣服哲学講義』の中で次のことを述べている。「〔私たちは〕sufferings あり sins あるが為に初めて、あゝ兄弟よと言つて手を把り得る心持になつた。かういふやうにして私は悲哀の聖殿 "Sanctuary of Sorrow"――これはゲーテがキリスト教のことを指した言葉である。何故といふとキリスト教は悲哀の宗教でキリストのことを悲哀の人と言つてゐる――その悲哀の殿堂の入口に知らず識らず立つことになつた。つまり随分険しい奇しき道を通つて此処まで辿り着かしめられた。多分さう長くないうちに門が開かれて、悲哀の真の深さ "Divine Depth of Sorrow" が私にわかるやうになるか知らぬ。／私は思ふに、辛苦艱難の中に精神的煩悶を重ねてこゝに至つた。つまり人生の Immolation（犠牲）などといふことは、決して理屈で解釈の出来るものではない。殊に宗教上のことは理屈で解釈の出来るものではない。」（『新渡戸』第9巻、309頁―310頁）。

「辛苦艱難」「悲哀煩悶」と向き合って幾星霜を経た後に語られたこの文章は新渡戸が「悲しみの聖殿の入口（＝キリスト教）」に立ちつづけ、「悲哀辛苦」の意義・力を何度も実感した所から表されたものであることは分かる。また、彼が日々、祈り、聖書をひもとき、神を見上げ、神との霊的交わりを求めつづける中で、「悲哀の滋味」に養われていったことが知らされる。彼は「宗教とは何ぞや」（1915年に出版された『人生雑感』に所収）の中でも、「宗教は生命である、力である」「理屈でない」（『新渡戸』第10巻、13頁）と述べ、日々、神との交わりのもとで魂を養い、自己に内省するだけでなく、超絶の神を見上げる信仰生活の意義を説いている。

遠益の死の悲痛を超えて教えられた「苦悩を通してこそ私たちは「天の王国」に入るのだ」との感慨は「悲哀の神々しき深さ（Divine Depth of Sorrow）」を知らしめるものであった。そうした中から、1905（明治38）年、『悲哀の用』という随想が綴られた。「時の過去、現在はた未来を問はず、何の処が果たして悲哀なきを得る。何の霊魂にか果たして悲哀の来らざる。時々、悲哀の生ずること無き地も、亦た霊魂も共に不幸なるかな。蓋し天意は、凡ての生者が、其霊性を完うするを得んが為に、此神恵を味ふべきを欲するものなり。悲哀は唇に苦くして、霊魂の良薬なり。悲哀の杯を飲むこと無き者は、人生の意義に通ぜず」（『新渡戸』第5巻、83頁）と。

「悲哀」は魂を養い、神とキリストとの霊的な交わりを強め、自己を潔め（Purification）、聖化（Sanctification）して、謙遜・誠実・友愛の存在へと育てる機会であることを実感させせた。また、1907年のクリスマスの季節に綴った随想『人生の対比は相矛盾する』の中で、新渡戸は次のように述べている。「キリスト教国はすべて「大いなる喜びの楽しい音づれ」を歌う。われわれも讃美歌に唱和しよう！　しかし、この喜びを得るためには多大の犠牲が払われたことを忘れずに。ベイトサウル〔ベツレヘム〕の野に羊飼いたちが、恐れつつ、御告げの天使の歌声を耳にしたとき、彼らは、その祝福は、ゲツセマネで流される涙と、ゴルゴダに注がれる血潮によつて得られようとは、ほとんど夢想だもしなかつた。（中略）「大いなる喜びの楽しい音ずれ」は「悲しみの聖殿」の前で歌われた感謝と讃美の聖歌デアル。アミエル（Amiel）はこの上なく適切に述べている。「キリスト教は悲哀の宗教であり、苦しみを勝利に変える驚くべき変換であり、死の死、罪の罪の敗北である。」この悲哀の崇拝こそ、キリスト教徒を互いの親睦の絆に結び、その心に、世の中の悲哀の側面を見せるのである。」（『新渡戸』第21巻、241頁。『新渡戸』第12巻、357頁-358頁）と。新渡戸は悲哀が友愛の「核」となり、痛苦・不条理・辺境の世界へと眼を向けさせる「力」となることを学んだ。さらに、「悲哀の人」新渡戸が「悲哀の神の子」イエス・キリストに追従しつづけることは自ずと「苦難の十字架の道」を選ぶことでもあった。彼の眼には、「悲哀が人生宇宙に満ち」「人生宇宙が犠牲に充て居る」（『新渡戸』第10巻、65頁）としか映らなかった。

三　働く――むすびにかえて――

新渡戸が論じた“A Japanese View of Quakerism”の中で、「内なる光（The Inner Light）」は男女、人種、教育の有無に関らずあらゆる人々に与えられている。（中略）〔それ故〕すべての人々は平等である。」（『新渡戸』第15巻、344頁、346頁）と語っている。クエーカーの最も尊重する教義、「内なる光」「キリストの神々しき光（The Divine Light of Christ）」はすべてを照らし、すべての人々の魂に「静かな、細い声」となって語りかける。そして人々はその光に気づき、導かれるうちに、徐々に霊的にも、人格的にも成長を遂げて行く（T. D. Hamm, The Transformation of American Quakerism, p. 2.）。

このクエーカーの「内なる光」を知らされ、「悲哀が人生宇宙に満ち」ている事実に気づくとき、「神的意志と〔の〕一致」（『新渡戸』第21巻、231頁）を求め、「苦難の十字架の道」をも歩むことを辞さない彼は自ずと「悲哀煩悶の世界」に心を寄せることになる。あのボルチモアの「クエーカーの集会」に参加しだした1885年11月の宮部金吾宛の書簡に早くも以下の内容のことが綴られていた。「他日、札幌において神と国のため、多少なりともお役に立つことが、ぼくの真剣な願いであり、心からの祈りでもあります。二ヵ年ほど前、まだそこ[札幌農学校予科]で教鞭を執っていたころ、世の人々のため是非とも学校を創設したい、と考えました。（中略）貧しい両親をもった、粗野な子どもたちや、労働者の少年など、出目《ママ》〔日雇い労働者〕の子弟に対する夜学校で、これらには日本語の初歩と、なんとかして英語を少々、そして算数（求積法、測量術等）を教える。もし、これらの学級に女子部を併設するならば、刺繍、裁縫、編物、英語および国文学の勉強ができるようにする――そうした仕事は、神の栄光を世に輝かしめるための一助ともなるのではあるまいか。教育に対するこのような考えは、片時も、ぼくの脳裏から消えたことがありません。」（『新渡戸』第22巻、255頁。『新渡戸』第23巻、422頁―423頁）と。

新渡戸は生活困窮家庭の子どもたちのための「夜学校」創設の意義を宮部に説いている。しかも、この「学校」創設構想は渡米以前の1882（明治15）年、農商務省御用掛で、札幌農学校予科の教師も兼務していた頃のことであるという。「悲哀の世界」への関心は「クエーカーの集会」に参加する以前から新渡戸の中にあったようだ。彼は『幼き日の思い出』の中で、「私は開拓事業に着くために、工学を避けて通る道〔工学は不得手〕はないかと捜した。祖父〔新渡戸伝〕が彼の事業に着手した主な動機は貧しい人々を苦しみから救うことにあった、と私は常に理解していた。」（『新渡戸』第19巻、654頁。『新渡戸』第15巻、551頁）と語る。彼は荒蕪地三本木原の開拓事業に懸命に取り組んだ南部藩士の祖父伝（松隈俊子著『新渡戸稲造』、1頁―5頁。

佐藤全弘著『新渡戸稲造の信仰と理想』、15頁―17頁）の目的は「貧しい人々を苦しみから救うこと」であったことを知り、この祖父と同様の志を持って生きたいと少年時代から願ってきた。そして、その志は「平等と友愛」を掲げ、貧困層への教育や成人教育に積極的に取り組むクエーカーと交わって（『新渡戸』第15巻、347頁）、一層高まっていったのだろう。1887年8月7日付け（1886年にボルチモア友会会員となる）の、ドイツのボンから宮部に送った書簡でも「札幌に対して、いま、ぼくが抱いている歓心の夢は、貧しい人々や官公吏のため、夜学校を創設することで、それに読書室を備えた印刷所と、もし必要とあれば女学校をも併設したい」（『新渡戸』第22巻、274頁。『新渡戸』第23巻、435頁）との希望を述べている。

祖父伝から受け継いだ志を具体化する機会は長男遠益を失った2年後の1894年1月に訪れた。新渡戸の弟子半沢洵はそのことを次のように語っている。「「明治」二十七年一月当時札幌の東部豊平橋の付近にあって信者並に札幌農学校の生徒に依って経営されて居た札幌独立教会付属日曜学校の敷地及び校舎を買取り、貧窮せる家庭の児童並に晩学者を蒐め、夜学校を起し、［新渡戸］博士自ら札幌農学校生徒の有志と共に之が教育に当る事となった。博士の（中略）理想は斯くして異郷の婦人の篤志に依って実現されたのである。この夜学校はやがて、その設立の趣旨に則って、論語の「有朋自遠方来不亦楽乎」の句より遠友夜学校と名付けられた。是が札幌遠友夜学校の事情である。」（『新渡戸』別巻、88頁-89頁）と。貧窮家庭の子どもや晩学の者たちに勉学の機会を与える「夜学校」が一人の米国（フィラデルフィア）婦人の篤志によって札幌に開校できたことを伝える。この婦人はクエーカーであるメアリーの父に引き取られて育てられ、終生、エルキントン家の温かな愛に感謝して亡くなった。そして遺産の一部をエルキントン家の長女メアリーに贈りたいとの遺言を残した（同書、88頁。ジョージ・オーシロ著『新渡戸稲造』、62頁）。メアリーはその遺産を夫稲造に譲り、念願であった「夜学校」開設に用いることを望んだのである。

その一婦人の篤志によって設立された遠友夜学校の様子を半沢は語る。「設立当時は校舎と雖も渺たる一小屋に過ぎず、付近の小童を蒐めて一週二回希望する学科を教へたが、間もなく毎夜となり、教師は主として博士の教ふる札幌農学校生徒有志[9]が献身的に是に当り、普通学の外、看護法、礼式、裁縫、編物等の実用学科に重きを置き、更に国民として恥ずかしからぬ趣味と常識と品性の陶冶に力を注ぎ、毎日曜日には修身講話をなすを常として居たが、博士自らも屢々この講壇に立って講話をせられ、自らその指導に当られた。（中略）夜学校は単なる貧民児童の教育のみならず当事札幌の貧民街に位置して居たために、或は消毒薬を配布する等」した（『新渡戸』別巻、89頁）。

新渡戸はキリスト教による人格教育、「品性の陶冶」を基盤として、国語、算数などの「普通学科」と看護法、裁縫、編物などの「実用学科」を重視した。また、「日曜学校」も開き、修身講話をなした。そしてこの遠友夜学校の校務の相当部分を担うのは新渡戸に親炙する札幌農学校生であった。彼らは新渡戸の「徳風」を慕い、遠友夜学校に「参加」することを「光栄」とし、多忙の勉学のかたわら、無報酬で当該校の授業運営に携わった。新渡戸の札幌農学校生に及ぼした人格の感化は甚大なものであったようだ。しかも、その学生たちの奉仕は自らの人格を陶冶し、自らをも育てて行くものであった。[10]彼らは遠友夜学校での教育、また、貧民街での「セツルメント事業」にも熱心に携わっていった。こうした彼らの奉仕活動へと勤しむ時期は日本が戦争に勝利（1894年—1895年の日清戦争）して、膨張主義、富国強兵的価値の賛同を強めてゆく時代でもあった。しかし、戦争に勝利したことは人々の心を、社会を次第に「利欲」で蝕み、誰でも「金さえあれば、尊敬される」との浮薄な気運を胚胎させた（羽仁吉一著『我が愛する生活』、68頁）。そうした「財利の奴婢」と化しつつある社会に、彼らは「奉仕」「人格の陶冶」「犠牲」をもって臨んでいった。

遠友夜学校はこうした教え子たちや友人たちの支援・協力[11]によって中断することなくつづいた。そんなある日（1896年1月3日）の光景が書簡（義弟ジョセフ宛て）に綴られている。「今日は学校は休みでした。女生徒の演芸会だけが行われました。今日は一日中雪が降っています。—大雪が降りしきり、よく見かける平和な冬景色の絵のようです。昼間は心地よく暖かいのですが、道路は深く雪におおわれていて、容易には歩けません。子どもたちもなかなかおもてに出られないことでしょう。それにもかかわらず、二十人以上の少女たちが私たちの招待でやって来ました。私が夜学校の方に向かう時に、掘っ建て小屋のある裏の道をわざわざ通って行きましたら、小屋の一つから小さな女の子が出て来るのが見えました。すると、その子は私の真ん前を学校に向かって歩いて行きます。私が「どこに行くの」と声をかけますと、女の子は振り向きもせずにひと言「日曜学校です」と答えました。してみると、これは遠友夜学校につけられた通称のようです。悪い名ではありません。」(『新渡戸』別巻、462頁。『新渡戸』第23巻、588頁—589頁)。

悲哀を見つめる新渡戸にとって、冬の夜道を、少女が一人で「修身講話」を重要視するその学校へと向かう情景は感銘を与えるものであった。彼は同書簡で「貧しい子供たちを教え育てる、このような仕事は恵みに満ちた仕事です。学校に行くたびごとに、私は人間的な同情と宗教的な慈愛の気持ちに燃えて帰って来ます。」(『新渡戸』別巻、463頁。『新渡戸』第23巻、590頁)と、神の恵みに感謝する言葉を綴っている。

新渡戸の志を具現する遠友夜学校は彼が病気療養のために、1897年10月、札幌を去った以降も運営され、1944年まで継続した。そして彼は亡くなる1933年まで、この学校の名誉校長であった（ジョージ・オーシロ著『新渡戸稲造』、64頁）。それは「内なる光」に照らされる人々が貧困・抑圧・差別のもとに放置され、苦しみつづけることを黙視することができなかったためである。札幌を去っても、「悲哀の世界」に心を寄せることには変わりなかった。彼の眼には、日露戦争（1904年―1905年）後の日本は一層「強兵貧国―日本は戦争の為に一等国になつたといつて居るが、その為に二十何億といふ大負債を負ふて居る（『新渡戸』第7巻、687頁）―」になっていくと映った。すなわち、「国力の強大化」の影に多くの貧困に苦しむ人たちがいた。彼はその改善にいささかでも取り組みたかった。

第一高等学校校長（1906年9月に就任）、新渡戸は実業之日本社社長増田義一の懇請により、1908年11月から実業之日本社の編輯顧問となった。[12] それは雑誌「実業之日本」が学校教育を十分に受けられなかった一般青年を視野に入れ、その青年たちの人格教育に努めることを雑誌づくりの眼目としていたからであった（『新渡戸』別巻、174頁）。[13] 日露戦争後の「強兵貧国」日本、そのもとで教育の機会を奪われつづける多くの人々。新渡戸には、その人たちの教養を高め、視野を広げる社会教育（「学問のない人に学問を与へ、煩悶している人に、慰安を与へたい」（『新渡戸』第7巻、683頁））と、その人々の「精神の修養」と「人格の鍛錬」の道徳教育を行うことが急務であった。そしてこの「学識と徳操」とを涵養させる教育はその一人びとりを幸福にするだけでなく、その社会の発展をも促すことになる（同書、689頁）と捉えた。

「悲哀の神」キリストと霊的な交わりを持ち、日々、祈る新渡戸は「悲哀の場」へ一身を捧げようとする（『新渡戸』第10巻、332頁）。しかし、その献身は"A Japanese View of Quakerism"の中で語るように、「人間の悲しみ、苦しみの広大な海岸の一握りの砂」（『新渡戸』第15巻、350頁）ほどにもならないものだとの認識のもとで行われた。けれども、新渡戸は「悲哀」のキリストに従う者として、「悲哀の世界」を少しでも平和と愛の世界、自由で、一つひとつの生命が尊重される世界に変わることを祈り願って、働いた。

注

1　クエーカーはフレンズ派（The Society of Friends）とも呼ばれる。それは17世紀、1647、8年頃から、イギリスで、ジョージ・フォックス（George Fox）がキリスト者の信仰の覚醒を求めて起こした運動から生まれたものである。そしてアメリカへは1650年代に早くも伝えられた。

2　新渡戸は札幌の「信仰共同体」について次のように述べている。「二十人にも足らぬ会員の、この小さいが熱烈に戦闘的な教会は、大学内のその会員の居室を交替にして、祈祷会や聖書研究会を開き、戦いつづけ、断固として退かなかった。奏楽もなく、歌もなく、牧師もおらず、水の洗礼も、聖餐もなかった。この小さい教会は着実に成長して、今では〔1887年〕会員も男女を合わせて六十人以上となっているが、その組織はできるかぎり原始的かつ単純、平明である」と。『新渡戸』第22巻、47頁―48頁。

3　新渡戸は1862年9月1日、南部藩士新渡戸十次郎の三男として盛岡に生まれ、東京遊学（1871年）後の1877年9月、札幌農学校の二期生として入学。同校卒業は1881年7月。

4　1926年のジュネーブ大学で行った講演“A Japanese View of Quakerism”の中で、新渡戸は「クエーカー主義においてのみ、私は東洋の思想とキリスト教を調和させることができた」と語った。『新渡戸』第15巻、325頁。

5　新渡戸は1887年の在米中に、札幌農学校助教授に任ぜられ、3年間、農政学研究のためにドイツ留学を命ぜられた。そして1890年、ハレ大学より学位（Doktor der Philosophie）を授与された。また、このドイツ留学中の1889年に、稲造は新渡戸姓に戻っている。稲造が叔父太田時敏の養子となって、太田姓を名のったのは1871年であった。

6　宮部は新渡戸に関する『小伝』の中で、メアリーについて次のように述べている。「嬢〔メアリー〕は同市〔フィラデルフィア〕の由緒あるフレンド派の家門の出にして教養のある篤信の才媛でありました。（中略）夫人［メアリー］は実に稀に見る行届いた良妻なりしのみならず、又一方慈母の如き懇ろなる注意を以て常に君の健康に心を配られました。後年君が国際人として斯る成功を収めたのも夫人の内助の力に負ふ所が尠くなかったと思ひます。」『新渡戸』別巻、16頁。

7　メアリーも稲造の母への哀惜を『幼き日の思い出』の中に記している。「この末息子［稲造］は母を敬い慕っておりました。そして彼の生涯で一番耐え難い悲しみは、母の死に目に会えなかったことでした。彼はその別離の年月の間中、母から送られた手紙を肌身離さず持っておりました。そして後年、母の命日ごとにこれを開いて読みました。」『新渡戸』第19巻、583頁。『新渡戸』第15巻、486頁―487頁。

8　クエーカーの「聖霊の洗礼（Baptism of the Holy Spirit）」は悲哀・試練を通して知らされる。そして信徒の「霊的健康」には、試練・修練は欠かすことのできない「薬」のようなものであり、人間はこの試練・悲哀を通して精錬され、純化されて行くと捉えられる。そしてこのことが「この宗派の中から剛毅不抜な者が許多現はれ」る、と評価される要因となったのだろう。『新渡戸』第6巻、138頁。

9　遠友夜学校の教育運営に当ったのは新渡戸の薫陶を受けた札幌農学校生の、大島金太郎、有島武郎、蠣崎知次郎、野中時雄、小谷武治、半沢洵などであった。『新渡戸』別巻、92頁。

10　「〔新渡戸〕博士の本校〔遠友夜学校〕設立の精神を体し是が具現に努めて来たが、教師として集った学生は博士の徳風を慕い、博士の精神に共鳴し、その事業の一部に参加する光栄と喜びを感ずる者のみで、何等の報酬なきにかゝはらず、多忙なる勉学の傍ら熱心、その授業、その経営に当って倦まず、その中に又自らの人格を陶冶し、啻に教へるのみならず、自らも教へられて、各方面に散り、本校に養ひ得た精神の発揮に努めて居る」と。同書、92頁―93頁。

11　1896年1月3日付けの義弟ジョセフへの書簡の中に、学生以外の協力者の働きを記している。「私たちは菅原夫人に手伝ってもらっています。夫君はささやかな公務員で、校内に住んでいます。夫人はまさに適任者です。と申しますのは、彼女は稀にみる人物なのです。彼女を何年も前から知っている私の友人が、彼女のことをクリスチャンの中のクリスチャンだと声を大にして言っています。」「星ハナノは、この地域の看護婦ですが、子どもを集めるのになかなかの役目を果たしています。彼女は掘っ建て小屋に入って行き、母親たちに幼い者たちを学校へ行かせるよう説いて回ります。ときどき子どもを行かせるのをいやがる母親もいます。お金を払わされたり、子どもたちがキリスト教を教え込まれはしないかと恐れるのです。」『新渡戸』第23巻、590頁。

12　1897年10月、札幌を去った新渡戸は1898年7月にアメリカへ向かい、翌々年、アメリカで "Bushido, the Soul of Japan" を出版。その後、台湾総督府技師（1901年2月）、京都帝国大学法科大学教授（1903年10月）を歴任して、第一高等学校校長となった。

13　実業之日本社の編輯顧問就任は「学者らしくない」「俗化だ」と非難された。しかし、新渡戸は言う。「専門学の研究を公にする学問上技術上の雑誌は夫々に相当ある。又現に立派な説が載せてある。僕等がかれこれといふ必要はない。然し卑近なことを説いて一般世人の知識を進めることは今日に於て更に必要なことである。（中略）原理は高尚でも、そのまゝでは一般人には応用されぬ。平易に砕いて誰にでも応用されるやうにしなければならぬ」と。『新渡戸』第7巻、683頁。

資料、参考文献

『新渡戸稲造全集』第七巻教文館、1984年。

『新渡戸稲造全集』第九巻教文館、1984年。

『新渡戸稲造全集』第一〇巻教文館、1984年。

『新渡戸稲造全集』第一二巻教文館、1984年。

『新渡戸稲造全集』第一五巻教文館、1985年。

『新渡戸稲造全集』第一九巻教文館、1985年。

『新渡戸稲造全集』第二一巻教文館、1986年。

『新渡戸稲造全集』第二二巻教文館、1986年。

『新渡戸稲造全集』第二三巻教文館、1987年。

『新渡戸稲造全集』別巻教文館、1987年。

鳥居清治訳注『新渡戸稲造の手紙』北海道大学図書刊行会、1976年。

内村鑑三著、鈴木俊郎訳『余は如何にして基督信徒となりし乎』岩波書店、1958年。

『女学雑誌』第五一九号女学雑誌社、1903年。

羽仁吉一著『我が愛する生活』自由学園出版局、１９８５年。
松隈俊子著『新渡戸稲造』みすず書房、１９６９年。
神谷美恵子著『遍歴』みすず書房、１９８０年。
佐藤全弘著『新渡戸稲造の信仰と理想』教文館、１９８５年。
ジョージ・オーシロ著『新渡戸稲造』中央大学出版部、１９９２年。
西村裕美著『子羊の戦い』未来社、１９９８年。
R. M. Jones, The Faith & Pracrtice of the Quakers (Indiana: Friends United Press, 1927)
Hugh Barbour & J. William Frost, The Quakers (New York: Greenwood Press, 1988)
Thomas D. Hamm, The Transformation of American Quakerism (Indiana: Indiana University Press, 1988)

6　服従の人、三谷隆正

はじめに

三谷隆正に対する多くの友人たちの評価は、「真理を愛した人」「正義を愛した人」「神と人とを愛した人」（矢内原忠雄評）、あるいは、「高貴なる精神と人格」の持ち主、「瀟洒たる容貌と輝ける明眸」の持ち主（南原繁評）と高いものであった。優れた精神と人格の持ち主であり、一生を師匠新渡戸稲造に倣って教師として生きた彼は多くの若者たち、人々に真理を伝え、人格的影響を与えていった（『三谷隆正―人・思想・信仰―』、61頁―68頁、369頁―382頁）。

この彼の思想と実践は今日、余り顧みられなくなっている。しかし、人々の精神的荒廃が進み、秩序も確かな展望も失いだした現代社会において、三谷の言行に耳を傾け、それを知る意義は大いにある。小論では、彼の全生涯を見つめ、彼の言行を余すところなく分析、検討することはできないが、「苦難」を超えて徹底して「他力」に生きる彼の様態に焦点をしぼって綴る。

一　インマヌエル

「神が私たちとともにいる（＝インマヌエル、Immanuel）」と、旧約の民、イスラエル人たちが実感したのはモーセの時代であった。モーセは当時、同胞のイスラエル人がエジプトで重労働を課せられ、虐待されている現実に接し、心を痛めていた（出エジプト記2・11）。そのモーセが神の山ホレブで、神に語りかけられた（同3・4）。その内容はエジプトで虐待され、迫害されている同胞をその国から脱出させ、そして抑圧のない、伸び伸びと生活できる、神が約束した大地、「乳と蜜の流れる土地（＝カナン）」（同3・8）へ導く役割をモーセに与えるというものであった。

これはモーセを当惑させ、放心させるほどの過酷な命令であった。そしてモーセは「わたしは何者でしょう。」（同3・11）と、自らの非力と自信のなさをもって、その命令を固辞する。しかし、その怯えるモーセに対し、神はイスラエル人がエジプトから脱出し、約束の大地へと進み行く間中も「あなたと共にいる」（同3・12）と告げ、また、「わたしはあなたたち（＝イスラエル人）の神となる」（同6・7）のだと宣言した。さらに、神はモーセに初めて真の神の名、「ヤハウェ（＝「わたしはある。わたしはあるという者だ。」）」（同3・14）であることを知らせた。

ヤハウェは明瞭にこのイスラエル人を神の民と選び、信頼に足る愛をこの民に向け、この選ばれた者たちと一緒に歴史を歩み、彼らの日々の生活のなかで、ヤハウェの正義と愛を表わすことを宣べた。この宣言は現代人にとって、きわめて不可解、驚異の宣言であるが、イスラエル人の歴史を考究すれば、人間の想像をはるかに超えた絶対的な神がモーセに顕れたのだと理解しえる。イスラエル人は神と接したモーセを通して「ヤハウェ」と「神の選び」と「インマヌエル」を実感していった。

三谷隆正（1889年2月―1944年2月）はこの「エジプトからの脱出と約束の大地に向けて荒野を進み行く」大事業に携わる決断をし、それを推進させるモーセを見つめ、次のように『信仰の論理』（1926年）の中に綴った。

「已むなくモーゼ《ママ》は起つた。神に強ひられて起つた。その大事業は決してその野心の産物ではなかつた。エホバ《ママ》の意思に対する服従の産物に外ならなかつた。然りモーゼの力の源は服従にあつて自恃になかつた。エホバに対する絶対服従にのみあつた。その他力のみにあつた。

同じ服従と同じ他力とが、イエスにとつてもその力の源であつた。彼が宣べ伝へたる所は、彼自身の創意や発案に成るものではなく彼がその父なる神より言ふべく命ぜられたる所のものに外ならなかつた（ヨハネ伝六・三八）。彼が弟子達に示したる祈祷の模範は、「聖意の天に於ける如く地にも行はれんことを」（マタイ伝六・一〇）祈る祷であった。富みて若く、心ばえすぐれたる好青年紳士が、道を求むるの熱心に駆られて、走り来り跪いて、「善き師よ」と彼に呼びかけた時に、「何故我を善きといふか、神独りのほかに善きものなし」（マルコ伝一〇・一八、マタイ伝一九・一七、ルカ伝一八・一九）と警めたのが、イエスであつた。些の私をもとゞめず、全身全霊たゞ神の命のまゝに行動したのがイエスであつた。」（『三谷隆正全集』（以下、『三谷』と略す）第1巻、60頁）。

三谷は逡巡するモーセのうちに、父なる神への服従、神への絶大なる信頼、神を中心にして生きる信仰が養われ、それをもって大事業を推進していったことを見出した。そしてそれは、自己の栄達、自己の名誉から遠く離れ、ただ父なる神を賛美し、神に栄光あれと祈る謙遜と犠牲を育むものであった。しかも、その父なる神への徹底した服従と神への絶大なる信頼は、三谷が信従する、モーセから１３００年後のイエスの中で見事に体現されていることを見出していた。

三谷は第一高等学校在学中の１９０９（明治42）年の秋に、同高等学校校長、新渡戸稲造の紹介状をもって、10数人の同校生と一緒に東京府豊多摩郡淀橋町柏木の内村鑑三を訪ねた。三谷たちは新渡戸から人格教育、精神的指導を受け、また、キリスト教への関心も高める中で、内村から霊的真理の指導を得ようとして、内村訪問を実行した。この彼ら（三谷、藤井武、塚本虎二、黒崎幸吉、川西実三、金井清、高木八尺、鶴見祐輔、前田多門、森戸辰男など）は「柏会」を結成し、内村の門下となった（『三谷隆正—人・思想・信仰—』、8頁—14頁）。このように内村の謦咳に接する中で、三谷は、数々の「苦難、悲哀」の中で痛切に「自己の無力」「神への服従」に気づかされ、ただ上を仰いでキリストの十字架にすがりつく内村の「十字架の福音」の力強さ、神に絶大なる信頼をおいて生きる内村の信仰に圧倒されていった（『三谷』第4巻、147頁—151頁）。しかも、その信仰姿勢は「真摯」「謙遜」そのものであり、「まことに全身全霊を以ってする真理欣求の戦ひ」（同書、155頁）と思われた。

三谷は内村に親炙する中で、彼の「十字架の福音」の力、「神への絶大なる信頼と服従」をもって生きる意義と実践的姿勢をつかみ取っていったようだ。しかし、内村からの大きな影響を受ける以前に、三谷はキリスト教とすでに接触していた。親戚の三谷文子にあてた書簡（1919年4月）の中で、1905年頃のことであろう、「僕は中学五年の時分に深くも考へないで受洗しました」（『三谷』第5巻、399頁）と告げている。彼は、この時期は明治学院普通部に在籍（1901年4月—1906年3月）しており、女子学院教諭の姉三谷民子の監督のもとに、明治学院の寄宿舎生活をしていた頃である。それは家族（三谷は父宗兵衛、母こうの長男、神奈川県神奈川青木村で誕生））が父の郷里、京都府丹後与謝郡岩滝村へ引っ越してしまったからであった。
彼は民子の監督のもとで、教会生活も送り、洗礼を受けたのだろう。しかし、その教会生活は上の書簡の「深くも考へないで」との表現からも分かるように、彼に心の渇きを覚えさせ、十分に生きる上での指針とはならなかったようだ。その後、彼は内村の門下となる中で、内村の「十字架の福音」に強く捉えられ、信仰を深め、「他力」「服従」の姿勢を強めていった。そして如上の文子にあてた他の書簡（1919年2月）では、「愛実行の信仰」「自己中心の信仰を経過して愛中心の信仰」について語っている（同書、396頁）。この書簡を記した時期は、三谷が岡山の第六高等学校の教授（「法制」「ドイツ語」担当。同校へは1915年9月に就任。同年7月に東京帝国大学法科大学英法科卒業）時代であった。その書簡の内容を少し抄出しよう。

モーゼやポーロが荒野に立つて独り神と交つた準備の時代が是（「我救はれんが為めに何を為すべき乎」）であると思ひます。かゝる時代に於て強いて教会に属するの必要が何処にある乎、僕は何処にもないと答へ度く思ひます。然し信仰に於ても利己或ひは主我は其究極であるべきでありません。荒野に立つて独り準備に忙しかつたモーゼはポーロは再び野を出て人の間に帰るべきです。自己の救いのみ求めて営々たりし求道者は「汝の隣人を己の如くに愛する」事、自己を生けるさゝげものとして神前に献じ己の友、己の隣人の為にいと小さきつとめにもはげむ事、それがやがて又自己の救を完うする所以である事を悟るべきです。さうして起つべきです。喜と望とにかゞやく僕たるべきです。

(同書、395頁-396頁)

「利己、主我」を超えて「神への絶大なる信頼と服従」は「キリストの僕たち」に彼らの「友」、彼らの「隣人」にいと小さくても愛の実践を行せてゆくことになると語る。三谷はこの折、すでに「自己の救済」から「愛中心の信仰」への転換を果たしていた。そしてその転換は別言すれば、「自分の才能も自分の学問も只神の器として、神の欲したもうままに使っていただこう。只神様のために、自分を磨き自分を浄めよう。」とも表しうる(1918年10月の文子あて書簡。『三谷隆正の生と死』、58頁)。

彼は、各人それぞれの「才能」は神より与えられたものだと理解し、感謝してそれを受けとり、それらを精一杯磨き、浄めて、隣人、社会の幸福、平和のために用いることに努める。それが神に造られた人間としての使命なのだ、と捉えた。そしてこの確信と信仰姿勢は三谷の中で終生変わらないものとなっていったようだ。記載日時は分からないが、三谷は「宗教的個人主義」と題して、青年たちに(東京の第一高等学校教授就任が1929年3月)上記の事柄について語っている。

諸君は（中略）己独りを神の大前に投げ出したことがあるか。然し恐らくはやがて時が来て、諸君も亦自家一切をあげて神の大前にひれ伏さざるを得ないやうな破目に陥らることもあらう。さういふ破目は現世的にはつらい苦しい悲しい破目である。失敗、不名誉、貧等がその名である。然し若しさういふ破目に陥つた時、いかに人力の頼むべからずして、神様のみが恃みになる真の力であり愛であるかを悟る事ができ、かくして衷心からの信頼を神様にさゝげ、一切無条件に神様に御任せすることを学ぶやうになるならば、さうした悲しき破目こそ、実は人生に於ける最大最深の祝福である事に気づくに到るであらう。さうして驚くべき力に溢れ、また希望に輝くことができるであらう。（中略）いざ、我らは各々独りとなりて神の大前に親しく祈らう、然る時我らは真に力強くある事を得て、隣人の為め、社会の為め、我らとして為し得る最大最深の寄与を献じ得るであろう。

（『三谷』第4巻、26頁―27頁）

人生の苦難、悲哀は人間を鍛え、自己中心から脱出させ、社会のため、人々のために自らに与えられた能力を大いに用いさせてゆくことになる。しかも、かかる事に頷く若者たちが寄り集まり、お互いがそれぞれの「神与の能力」を用いて補い合おうとするとき（「相生関係」）、世にある種々の混乱と絶望を超えて、平和な人類社会を創出する力となろう、と語る。この語りかけは彼を優れた教師、人格者として敬愛する若者たちに大きな感化を与えることになっただろう。

二　結婚、誕生、死

「神（＝徹底他者）」に仕え、「愛実践の信仰」に生きようとする三谷は第六高等学校教授時代の1923（大正12）年1月に児玉菊代と結婚した。父宗兵衛の死（1918（大正7）年5月）後、三谷は母こうと同居し、結婚の頃には、末妹寿貞子も引き取っていた。その寿貞子が兄の新婚生活の頃のことを「御恩恵の跡を省みて」と題する文章に記している。抄出する。

大正十二年の正月、心も姿も美しかった義姉菊代がわが家の一員となった時、母と長子と末子と三人の淡々として規則正しい水の流れのような毎日にパッと花が咲いた。はかなく散っただけにその短い生命は一層美しく思われる。夕の食卓には今迄の単調を破って姉の心づくしの料理が並んだ。姉はオルガンが上手だった。土曜日の午後よく讃美歌を合唱した。姉はオルガンをひきながらリードしてアルト、兄がバス、私はソプラノ。よくできると「ホーラよくできた」と一番先に喜ぶのは兄だった。又一週間に何度か二人で英語の本を読んでいた。私は傍聴を許されて、内容はよくわからないままに姉が読んで訳し、兄が時々誤を指摘したり講義らしきことをするのをだまって聞いていた。勉強しておかねばお兄さんに叱られると言いながら一心に辞書を引いていた姉は本当に楽しそうだった。また連れだって六高の学生さん達もよく来訪された。（中略）そして母や私も加わって大きなテーブルを囲んで義姉の手料理を一緒にいただいた事も度々あった。

（『三谷隆正―人・思想・信仰―』、353頁―354頁）

結核を患ったこともあり、係累の重荷をも負う（同書、342頁、344頁）三谷と菊代との結婚生活は心やすらぐ、幸せなものであった。「徹底他者（＝神）」を二人で見上げ、祈り、キリストの教えに耳傾けて、ともに愛の実践を志そうとする、この結婚は神より最愛の同志をお互いに与えられたようだ。彼らは趣味を同じくし、ともに学び、学生、他の家族を大事にして生活する。三谷は神に祝福された陽だまりの処におかれたことを実感させられたことだろう。そうした二人の祈り合う風景が三谷の手で記されている。それは日本に戦争の影が落ちだした1932（昭和7）年に書かれた「嫁ぎゆく嬢に餞せし詞」の中に綴られている。

私は自分の短い、そして真に幼稚な夫婦生活の経験に於いてさへ、信仰に於いてする二人の結合が、どんなに驚くべく力強いものであるかを知つて居ります。私が今も想ひ出す毎に、謂ひ難き力を増し加へらるゝやうに感ずる記憶は、二人して相祈つた時の記憶であります。それがどんなに私たちを力づけたか、今に至るまで力づけつゝあるか。これは決して誇張ではありません。（中略）私が殊にはつきり覚えて居りますのは、成婚後数月の或る夜、二人して特にあらたまつて聖書を読み合ひ、そのあとで相祈つたときのことであります。その時私たちは多くの人のうへを想ひ出して、多くの人のために祈りました。さうして、その祈りの間に、K子はいつか泣き伏して居るのでありました。然しその夜の祈りがどんなに彼女を慰め、また喜ばしたか、そのことを私は彼女の死後、彼女の日記を読んで知りました。其の日記は彼女が若し死んだら読んでもいゝといふ、生前からの約束の日記でありました。多分私が墓に降るまで、あの夜の祈りの記憶は、私を慰め又力づけて変らぬことであらうと思ひます。　　　　（『三谷』第4巻、193頁）

三谷は菊代と一緒に神の前に祈り合えた喜びを記している。結婚して間もない彼らはキリストの愛は「己を棄てる愛」であり、なによりもまず「他者の益」を願う愛であることを確認し合っていた。それは若い夫婦がお互いに心惹かれ合い、求め合うエロース(erōs)、二人だけの幸せを願う「閉じた愛」に生きることでなかった。若き二人には酷かもしれないが、キリストの愛に生きようとすることはまず最初に、夫婦ともども自らを神の前に献げて、「棄私の愛(=アガペー、agapē)」に生きよう、すなわち、「自らの幸福」でなく、「他者の幸せ」を求めて生きることである。三谷はこの夫婦による「棄私の愛」の具現化を『問題の所在』(1929年発行)の中で次のように述べる。

夫婦道の本義は、夫と婦と相たづさへて己等を神の聖前に献ぐるにある。(中略)夫は己をすてゝ主に於いて妻を支へ、妻も亦己を忘れて主に於いて夫に仕へなければならぬ。家庭の主人は夫でもない、妻でもない、勿論子供でもない。神が家庭に於いても其主人でなければならぬ。夫妻は何よりも先づ祈りに相協同するものでなければならぬ。斯して我ら互いに己を忘れ主にありて他の益を計る為の道場で家庭がある時、家庭位我らを力づけ、高め、聖めるものは稀いであらう。其意味に於いてのみ結婚は人生の重大事である。(『三谷』第1巻、161頁)

三谷は神の前に自らを献げることを最優先し、夫婦がともども神を見上げ、祈ることを第一として家庭生活をすることを綴っている。彼はあの「成婚後数月の或る夜」、菊代と一緒に聖書を読み、人々のことをともに祈ることができたことをいつまでも忘れず、また、励まされつづけた。それは彼らがみ子イエス・キリストを十字架上につけてまで、この世の一人ひとりを救おうとする神の愛を実感できるようになったからであろう。さらに、彼ら一人ひとりが「各自の分に応じたる十字架を背負」い、愛の実践を行う喜びを知ったからであろう（『三谷』第4巻、333頁）。

この神を中心とした家庭形成をする三谷夫婦のもとに、第一子が1924年3月7日に与えられた。長女晴子である。三谷は晴子と命名した理由と妊娠中と出産時の菊代の様子を「家庭団欒」（1941年）に記している。彼が晴子と名づけたのはその春の朝の空が真っ青に澄み、「まばゆいほど晴れ晴れと明る」く、両親の心をも晴れ晴れとさせたからであった。また、菊代の産前の健康は順調でなく、出産について心配したが、出産の折りは格別のこともなく、安産ですんだ、と述べる（『三谷』第2巻、204頁）。そして三谷は晴子の誕生後すぐに、「親にとつて子ども」は「如何にかけがへなく貴いものである」（同頁）かを知らされたと言う。

彼は晴子が誕生した数日後の夜のささやかな幸福に満ちた光景を描き、残している。「私［三谷］は妻の枕頭に坐つて、唯二人きりそこはかなとなく物語りつつあつた。勿論そこには赤ン坊の赤い〳〵寝顔がある。私達二人は赤ン坊の将来について、夢のやうな希望や期待を語りあつた。わざと薄暗くしてあつた電燈のやはらかい光、みどり児特有の愛すべき乳臭、静もりかへつた夜気。其夜其時の光景は今もなほまざ〱と私の眼底にある。如何に平和な、如何に清らな、その団欒のよろこびであつたか。」(同書、205頁)。

しかし、この鮮やかにいつでも心に残る喜びはつかの間であった。菊代は出産4日後ごろから、異常な高熱で苦しみ始めた。さらに、1924年3月末、最愛の長女晴子が天へと帰っていった(『三谷隆正―人・思想・信仰―』、354頁)。

三谷は義弟山谷省吾夫婦にあてた1924(大正13)年4月1日付けの書簡で、晴子の葬りについて記している。「今朝小生単身田舎道に春光を浴び乍ら火葬場まで歩きました。歩きながら四辺の春色を眺めながら、その何処にも死への連想のたねになるようなものを見出しませんでした。晴子の遺骨を拾ひながらも死よりもむしろ死でない何ものかを感じました。昨日ほど涙も湧かずに遺骨を抱えて帰宅しました。(中略)階下の床に小机を置いて卓布をかけ其上に晴子の遺骨函を飾りました。花瓶などもいくつか配置しました。終にはおひなさまも同居して、晴子がひなまつりの御主人のようになりました。菊代は今朝は体温が六度、今日こそは九度まで上がらず八度八分でとまりました。最早回復の見込確実です。(中略)これから菊代の看護に全幅の注意を集中します。それが晴子の為めにも最もいい葬ひ合戦になるでせう。」(『三谷』第5

巻、437頁)。

この手紙は三谷の悲しみ、苦しみを抑制して綴られている。しかし、いかに抑制しようと、じじつは彼からつつましく、ささやかな「三人の団欒」の幸せが失せ、取り替えることなどできない、かえけがえのない晴子の成長への楽しみが奪われてしまった。そして1924年の岡山の暑い夏、三谷もまた病に倒れた。さらに、1924年7月4日、妻菊代が天へと召されていった。

三谷はその悲しみを綴っている。「〔菊代が亡くなる頃〕私自身亦終にたふれて、臨終の妻をみとりすることができなかつた。私は病褥に横臥のまゝ黙々として妻の棺を目送した。其時は涙さへ湧かなつた。然し五日過ぎ七日過ぎて、私は黙々たるに耐へ得なくなつた。強ひて黙せば胸がはりさける。たまらなくなつて私は無茶苦茶に三十一文字を列べては枕頭の手帳に記した。

「いも逝きて十日を経なり朝まだき　ふと泪わきてとゞめあへざり

君逝けど君のいまし、室にゐて　もの言ひかはすまねしてみたり。」

が幸にして私の病気は順潮によくなつて行つた。熱もほゞとれた。或る朝私は床を出て、まだ埋葬せずにある二人の遺骨を合はせてひとつ壷に納め、それを床の間に安置した。」(『三谷』第2巻、205頁―206頁)。

三谷はこれまで、「徹底他者」を信頼し、真率に服従して生きてきた。インマヌエルを実感して生きてきた。しかし、この苦難はまことに大きく、厳しい。その苦難の中で、三谷は次の内容のことを田村ただ子書簡（1924年7月27日付け）に記している。

今日の哀みあるべきことは兼てから覚悟致して居りました。然し覚悟は覚悟、哀みは哀みで御座います。私の受けた創痍は深くあります。が神様が意味なしに私共を苦め給ふとは、どうあつても考へられません。然らば如何なる意味か、その内容は凡智の測り知るを難しとする所であります。私は敢てそれを忖度しようと思ひません。「神は愛なり。」故に私は其愛に信頼します。さうして期待します。必ずや謂い難きの歓びは、やがて私共のものとなるでありませう。私の半生の実験が私をして斯信ぜしめます。恐らくは在天の彼女達（幼き晴子も若き母に先立つて天に帰りました）は、今後の私の為め人知れぬ力の源となつて私を支へ、私をして与へられたる使命を果たさしむべく、力を貸してくれることと存じます。その事を思うて私は力強く慰められ又励まされます。（『三谷』第5巻、439頁）

三谷は謙遜に愛の神を信頼し、その苦難に耐え、神の指し示す使命に生きると告げる。そして同年の秋には、彼の体力は回復していった。しかも、その回復とともに、「極めて静かな、然し底深い力が、どこか天の方から来て私を支へてくれるやうな」（『三谷』第2巻、206頁）聖霊（プネウマ　ハギオン　pneuma hagion）体験、神から「いのちの風（創世記2・7）」が吹き、支えられているとの実感を抱くようになっていた。そしてそこにはいつも、神を中心にした菊代と晴子と一緒の「家庭団欒」の喜びがあり、「パンひとつ、果物ひとつ分けあ」（『三谷』第2巻、208頁）えた幸せへの感謝があった。苦難の十字架を背負って愛と救いに生きたキリストに信従し、弱小、有限なる自己を投げ捨て、つねに神に絶対の信頼をおく「自己献身」はこの最愛の人々を失った悲哀、苦難の体験を超えて三谷に次の確信をもたせていった。それが記されているのは彼の処女作『信仰の論理』である。この書籍は1926（大正15）年4月、岩波書店より出版されている。そしてこれは妻菊代に捧げられている。抄出しよう。

私は（中略）私の来し方をかへり見て、そこに如実に他者の他力を体感し得る。その来し方を彩る大いなる転機にして、私が自ら計画し、その計画した通りに成就したのであるものは、殆ど一つだにない。私は私の一生を導くものが、私自身の思案工夫でなくして、或る大なる他者の力であることを実感する。私は私の私意私案が私の為に大なるもの、力あるもの又貴きものをもたらして呉れた事のあるを知らない。私の私案はいつもつまらぬものであつた。徹底せぬ欲求であつた。妥協的愚案であつた。偶々その愚案の実現せられた時、私は自意を就《と》げながら猶不満であることを免れなかつた。然し私のその愚案が粉砕せられて、思はぬ痛苦が私の身に臨んだ時、その時に私は予期せざりし満足と激励と感謝とを己がものとすることが出来た。私は私の大なる幸福と人の想に過ぐる満足とが、決して私の思案によつて招来せらるゝものでなく、私の願はざる苦痛と思はざる艱難とを通して、他より与へらるるに相違ないと信ずるようになつた。私は最早私自身の計画の成就されぬ事に失望しない。私は私を導く力が私自身より遥に大に、遥に賢くあり、私が私自身を愛するより以上に強く且つ正しき愛を以て私を包む、彼の他者の力と智恵とであることを信じて、安んじて勇躍して人生てふ不断の冒険を冒したく思ふ。私は最早怖るゝことを須《もち》ゐない。私の来し方は私にとつては意識的又は無意識的の冒険の連続に外ならなかつた。然し其裏に或る不思議なる力が断えず私を導きつゝあつたのであることを、私は如実に体験し得た。私にとつては彼の不可思議なる他者の力こそ、私を強ひて蜜と膏の滴る佳き地にまで導き、其処に私自らは欲望だにし得なかつたような歓喜と感謝とにあづからしむる所の、愛の御神の聖なる御導きに外ならない。

私がかく云ふ私の語気が甚しく主観的であることを承認しなければならない。けれどもそれが主観的であるだけそれだけ、私にとつては何ものにまさつて確実堅固なる体験である。私は如此き他力の体験を基礎としてのみ、神を信じ得る、その愛に倚り頼み得る、永遠の生命を期待し得る。（中略）信仰は智識でない如く、また感情でもない。たゞ誠実なる意志とその具体的実現に伴ふ、他力の実践的に如実なる体験、それのみが活ける信仰の活ける基礎である。信仰の基礎は如斯に個人的である。

（『三谷』第1巻、65頁―66頁）

彼は二人の死を通して知った「徹底他者」の愛に絶大な信頼をおき、その導きのもとで、使命（＝「法哲学の研究、若き学徒への教育」）に邁進しようとする。さらに、いつの日か、この地上を去り、二人に会えるときまで、愛の神に伴われつつ「神への服従の意義と、キリストを通して表わされた測りがたき神の愛」を具体的に語り、表そうとする。

三　異なる個人が支え合って

三谷は「エデンの園」で暮らすアダムとエバ（創世記2・7―25）の生活を思い描

くことがある。それは蛇に誘惑されて、エバとアダムが「園の中央に生えている木の果実」（創世記3・2―6）を食べる前の、神に「謙虚なる服従」をして、「幸福なる境涯」（『三谷』第3巻、591頁）にある情景である。「徹底他者」に仕える彼には、文芸復興期（ルネッサンス）以来のヒューマニズム、「『神から離れ、ただ』人が人である故に其故だけで人を尊ぶ」という思想に組することはできなかった（同書、592頁）。アダムとエバが神のもとを去って暮らしだした「失楽園時代」以降は、人間が自らの限りなき欲望を露わにし、自己の利益、個の自由、権利などを求めて、激しく憎しみ合い、争い、殺戮し合っていった。彼の心に映るものは、徹底して利己にのみ生き、自己の権力の拡大に血眼になる哀れな人間の姿でしかなかった。もし、こうした人間に平等という「ものさし」をあてるなら、「神の前には何の誇る」ところも持たない「罪人」としての人間、「神の聖さ」に照らされて「汚れ」にまみれた人間が浮かんでくる（同書、570頁）。また、そうした人間に、神の愛は等しく向けられ、その人間を神の愛する「器」「神の器」として等しく、貴いものとされる恵みと愛も見えてくる（『三谷』第1巻、174頁―175頁）。働きの違い、力の違い、年齢の違い、性差の違いなどがあっても、人間誰でも（「王侯も、市民も、奴隷も」）等しく「罪人」であるとともに、「神の器」である。

人間をこのように捉える三谷も、みどり児、晴子の死を思うとき、彼女は他に変えられない、かけがえのない貴い存在であり、そしてその喪失はなにをもってしても埋めあわすことなどできず、心に大きな空白ができたと実感する。しかも、その悲しみは、三谷がこの地上にある限り、「癒され果つることのできない」（『三谷』第2巻、190頁）ものであった。神の愛を深く実感し、「いのち」一つひとつが神より託された役割をもつ「神の器」だと捉える彼は、大愛の神、一つひとつのいのちを愛する神がなぜ無意味に「愛らしさの極みなる」みどり児を「活し」また「殺す」はずがないと確信していた。晴子の死を見つめるとき、大愛の神は「みどり児」にも、神が定めた清い「役割」を与え、人々を驚かす「雄偉壮麗」なるものがあると信じられた（『三谷』第1巻、174頁）。そして彼はダンテ（A. Dante, 1265年—1321年）の『神曲』に助けられ、幼くして召されていったみどり児たち、その一人である晴子もまた神の愛護を受ける「天国の祝福された大円座」の中に迎えられ、彼女に用意された席につかせてもらっていることを信じ、想うのである（同頁。『三谷』第2巻、191頁—192頁）。

神本位に生きる彼はみどり児の晴子、妻菊代の死を体験して、神より与えられた「各人各様の天賦、役割」について思いを巡らしていた。彼は第一高等学校教授に任命された年の1929（昭和4）年10月に出版した『問題の所在』の中に次のことを記している。「自然を観よ、何といふ調和でせう。そのいとも小き部分が、そのいとも大なる部分と相和して、いかに小さきに拘らざる大さの役目を果たして居ることでせう。そこには何ひとつ無意味または無益と見ゆるものがありません」（『三谷』第1巻、172頁）と。

神が造った自然の美しさと、創造の不思議さを想いつつ、自然の調和に感嘆している。そこには、「権利」「自由」「無差別な平等」を求める強い声もなく、神への讃美を忘れ、限りなき欲望を満たそうと奔走する存在もいない。それぞれが神より与えられた「各人各様の天賦」を尊重し合い、「神の器」としての役割を認め合い、謙遜に、喜びもって、助け合っている情景である。それはあたかも、パウロが提示した「各人各様の天賦」「「神の器」としてのそれぞれの役割」を尊び合い、そのお互いを尊重し合う愛を基盤とした「有機的団体」「神の愛に満ちた社会」を髣髴させる（『三谷』第3巻、584頁―585頁。コリントの信徒への手紙一12・12―31）。

パウロが描き、三谷も求める「神の愛に満ちた社会」は、各人各様の「5タラント、2タラント、1タラント」（マタイによる福音書25・15）の異なる「天賦」を輝かして補い合い、配慮し合い、支え合う。そして、そこで暮らす構成員はその一人の「苦しみ」を自分たちすべての苦しみとし、一人の「賞賛」を構成員すべての「喜び」とする。この違いを認め合う考え方、生活の仕方は変化のない、進歩のないものと捉えられ、また、「平等無差別」な権利要求の運動、「階級撤廃」の闘争をも阻むものと見なされ、忌避されるかもしれない。しかし、三谷はそのことを知りつつも、「神を忘れた人間と自己の利益のみ」を優先するあり方を拒絶する。そして彼は愛の神に徹底して服従し、自己を棄てて、神にすがる他力をもって自らの使命に生きようとする。また、「他力」「服従」から描かれる「理想社会」の建設、「神の国」の光を受けた「愛の満ちる社会」の創設に励もうとする。この構想の時期は日本が次第に海外への侵略を行い、戦争へと向かおうとする時と符合する。教育者、新渡戸を敬愛する彼は高等学校教授として、真理を示し、人間教育に、教養教育に取り組もうとする。そして指導する有為な青年たちにも、各人各様の天賦が相和す「理想社会」の実現に力を尽くして欲しいとの望みがあった。

彼の目には、イザヤが描く「理想の社会」が見えていたのだろう。預言者イザヤは大国アッシリアがイスラエルに侵略（紀元前8世紀）し、人々から正義と愛が消え、不正と横暴があふれだす、無残なこのイスラエル（南ユダも含んだイスラエル）に「理想の王（＝メシア、キリスト）」が誕生する。そしてその「王」が平和な、理想の社会を瓦解したここに創出するのだと預言する。そのイザヤの預言に静かに耳を傾けたい。

「狼は子羊と共に宿り、豹は子山羊と共に伏す。子牛は若獅子と共に育ち、小さい子供がそれらを導く。牛も熊も共に草をはみ、その子らは共に伏し、獅子も牛もひとしく干し草を食らう。乳飲み子は毒蛇の穴に戯れ、幼子は蝮の巣に手を入れる。わたしの聖なる山においては、何ものも害を加えず、滅ぼすこともない。水が海を覆っているように、大地は主を知る知識で満たされている。」

（イザヤ書11・6—9）

真理を愛し、正義を愛し、神に服して人を愛する三谷はこの日本に「理想の社会」が出現することを祈り、働こうとする。彼が真理に生き、働く旅人として、岡山を去って、東京へ戻ったのは1926年4月。先に述べた最初の真理探究の著書『信仰の論理』はこの4月に出版された。

資料、参考文献

『三谷隆正全集』第一巻岩波書店、1965年。
『三谷隆正全集』第二巻岩波書店、1965年。
『三谷隆正全集』第三巻岩波書店、1965年。
『三谷隆正全集』第四巻岩波書店、1965年。
『三谷隆正全集』第五巻岩波書店、1966年。
『三谷隆正—人・思想・信仰—』岩波書店、1966年。

『三谷隆正の生と死』新地書房、１９９０年。
内村鑑三著『基督信徒のなぐさめ』警醒社、１９２３年。
内村鑑三著『苦痛の福音』警醒社、１９２４年。
『新渡戸稲造全集』第九巻教文館、１９８４年。
『新渡戸稲造全集』第二三巻教文館、１９８７年。
ダンテ著、山内丙三郎訳『神曲』上・中・下岩波書店、２００４年-２００６年。
『三谷民子―生涯・想い出・遺墨―』女子学院同窓会、１９９１年。
村松晋著『三谷隆正研究―信仰・国家・歴史―』刀水書房、２００１年。
政池仁著『内村鑑三伝』教文館、１９７７年。
『ユダヤ思想』Ｉ岩波書店、１９８８年。
『聖書を読む（旧約篇）』岩波書店、２００５年。
L. J. Topel, The Way to Peace (New York: Orbis Books, 1979)
M. Saperstein, Essential Papers on Messianic Movements and Personalities in Jewish History (New York: New York University Press, 1992)
A. E. McGrath,Christian Spirituality (Oxford:Blackwell Publishers, 1999)
B. D. Ehrman, Peter, Paul, and Mary Magdalene (Oxford: Oxford University Press, 2006)

あとがき

葛井　義憲

苦難、悲哀を味わい、死を見つめた人たちは、いつしか神を見上げ、自らの生の軌跡の意義を尋ねるものです。そういうことから申せば、私たちは「神を見上げる人間」であると言っても奇妙ではありません。そしてその思索と苦悶と祈りの日々の中で、ある時、私たちも「自らのいのち、存在」を受け入れられる時が来ます。新渡戸稲造が **Everlasting Yea** を体得したように。

本書執筆の3人もキリストに連なって生きる者たちです。康子は宗教音楽、オルガンを学んできました。余り丈夫とはいえない身体ながら、キリスト教会でオルガニストとして奉仕し、ホスピス病棟の建設に携わりました。また50代より大学でキリスト教学を学びだしました。その時に出会った東方キリスト教の霊性に深く感銘を受け、それに関する本をたくさん読みだしました。その宗教性は、蓼科にある私どもの小さな山荘、「木もれ日荘」の雰囲気を連想させるものだったようです。そしてそこでの滞在は彼女に執筆を促し、このエッセイとなりました。

もう一人の義顕は実践家です。牧会者であり、教育者であり、社会福祉に携わり、また、その合間をぬって研究をする学徒でもあります。その姿勢は「弱者」とともに生きる者として、「弱者」に少しでも愛の光が差し込むことを祈って、働く者です。この度、本書に寄せてくれた論考は大学院在学以来、コツコツと研究を進めている「弱者の神学」の成果の一つ、アイルランドの「聖パトリック」の愛の行実についてです。最後の義憲は「主我と神への服従」「自己の欲望の追求と神の愛、他者への愛」をテーマとして、近代に生きた6人の苦悩と模索と救いを求める歩みを綴りました。それらは最近の大学研究紀要や市民公開講座などで発表したものです。

神とともに生きるとは、上記より分かりますように、研究室や家庭や教室で、思索し、理論化するだけではありません。また、自分だけの救いを求めるものでもありません。私たちが神とともに生きるとき、おのずから、実践へと促されてゆきます。小さい、大きいにかかわらず、愛の働きへと向かわせられるのです。

この度、こうした3人が神にあって3様に生き、そしてそれぞれの体験を積み重ね、苦しみ、祈り、考える人生の途上で表わされたいくつかの作品を一冊の書物としました。これからまた、3人、3様の人生が始まります。3人は神のもとへと戻る日まで、誠実に、地道に、謙遜に、それぞれの与えられた役割をこの世で果たしていきたいと願っています。

今回もまた、朝日出版社のお世話になりました。いつも快く出版を引き受けて下さる同社の原雅久氏、また、本書の編集に携わってくださった田家昇氏に感謝いたします。そして時間をさいてこの書籍を手に取り、お読み下さった読者お一人お一人にも感謝を申し上げます。そして神の大きな恵みと愛がお一人お一人の上にありますように祈ります。

2008年9月

名古屋にて

著者略歴

葛井　康子（ふじい　やすこ）
愛知県に生まれる。
大阪音楽大学卒業。
ピアノを神沢哲郎氏に、オルガンを鷲渕紹子氏、桜井直子氏に師事。
専攻、宗教音楽、オルガン。
礼拝オルガニスト、伴奏ピアニスト。

著書：『私を変えた聖書の言葉』（共著、日野原重明氏など）日本キリスト教団出版局、2002年。

葛井　義顕（ふじい　よしあき）
1975年、奈良県に生まれる。
2002年、関西学院大学大学院神学研究科博士課程前期修了。
専攻、キリスト教史。
日本基督教団取手伝道所担任教師、茨城キリスト教学園高等学校常勤講師、
社会福祉法人桃花塾（知的障害児・者施設）生活支援員を経て、
2008年度より日本基督教団西大和教会担任教師、金城学院大学非常勤講師、
プール学院高等学校非常勤講師。

葛井　義憲（ふじい　よしのり）
1948年、兵庫県に生まれる。
1978年、同志社大学大学院神学研究科博士課程修了。
専攻、キリスト教史・宗教学。
中目黒幼稚園園長、桜美林大学、明治学院大学講師などを経て、
現在、名古屋学院大学人間健康学部長、教授、同大学宗教部長。神学博士。
牧師（日本基督教団）。

著書：『キリスト教土着化論―キリシタン史を背景としてー』朝日出版社、1979年、『闇を照らした人々―相馬黒光・山室軍平・石井十次・井口喜源治論－』新教出版社、1992年、『「内村鑑三」と出会って』（共著）勁草書房、1996年、『大正デモクラシー・天皇制・キリスト教』（共著）新教出版社、2001年、『巌本善治―正義と愛に生きてー』朝日出版社、2005年。他

風の旅人

2009年 2 月23日　初版発行　　定価はカバーに表示してあります。

編　著　葛井　康子　葛井　義憲

発行者　原　雅久

発行所　朝日出版社

〒101-0065 東京都千代田区西神田3-3-5

電話（03）3263-3321（代表）

万一落丁乱丁の場合はお取替えいたします。　Printed in Japan

ISBN978-4-255-00463-1 C0095